人生魔方

最强自我

战胜压力和焦虑的四关

Awaken Your Strongest Self

Break Free of Stress, Inner Conflict, and Self-Sabotage

尼尔·菲奥里（Neil Fiore）著

张璇　译

中国人民大学出版社

·北京·

译者序

两千年前，古希腊人就把“认识你自己”作为铭文刻在阿波罗神庙的门柱上，多少年来认识自我始终是我们自身的最大难题。当遭遇生活的不幸和苦难，感到压力、痛苦甚至绝望时，我们总是怀疑自己，感到无力；当碰到生活中林林总总的琐事时，我们总是容易情绪低落，消极应对。有时候我们因为有身边人的关爱和支持，有自己的坚持，最终拨开乌云重见艳阳；但更多的时候，我们也不知道自己怎么了，所做的事情和应对的方式其实并不是自己真正想做的，但就是不能管理自己的消极情绪，不能很快地找到积极的力量去生活。有些朋友在真正经历过苦难再回首时，会惊讶自己怎么可能做得到?！怎么会有这么大的勇气和力量?！其实每个人都拥有强大的自我，只是通常我们都不曾意识到它的存在。

当我们翻开这本书时，就开始了认识自我的全新旅程。书中介绍的四个步骤可以帮助我们缓解种种消极情绪，一些小练习让很多困惑我们的事情变得清晰和可以把握。

首先，我们要抛弃过去无效的行为模式。在面对压力时，我们究竟会做出什么样的应对？在“恐惧嫁接”练习中，你将发现自己本能的反应，这些反应把你带入几个小时甚至几天的糟糕情绪。如何才能打破恐惧和自我怀疑，开始用更健康的行为模式代替过去的旧模式？接下来我们开始走进全新的大脑和最强的自我，学会以新的视角唤醒你的主导力，强调预期和主导性的观点将把你从过去的恐惧、挣扎和压抑的状态中解放出来，把注意力指向当前的挑战、机遇和目标。这个时候那个最强自我内在的五种特质开始慢慢浮现，安全、选择、存在、专注和关联，将使我们远远地超越本我和意识，生活得更加丰富和完美。把这五种特质作为自己每天的许诺，我们就能够从恐惧的模式迅速转换到更为广阔的自我认识，唤醒自我的主导者，实现自我目标，用自我主导的方式认识所有与自我相关的内容。

当我们把这个四步计划融入每天的生活，即使有自我怀疑和过去的失败，我们也将对自己有效和持续的行动充满信心，去实现自己更高的目标和价值。

张璇

2009 年 7 月

致谢

如果没有来访者的鼓励，我不可能完成这本书，他们鼓励我把唤醒最强自我的步骤诉诸笔头。我非常感激我的来访者和朋友们，他们愿意把自己如何拥有一个更快乐和更满足生活的故事与这本书的读者分享。

我要特别感谢 Lauren Cox-Pursley，Melanie Rigney 和我的侄女 Debra Sutton 在编辑工作中给予我的帮助、指导和建议；Barbara Van Diest 富有智慧的督导；女儿 Nancy Hershbain 的支持和鼓励；以及前期草稿的诸多读者，特别是 Pam Rudd 和 Jane Sterzlinger。感谢 Chris Duis 博士在神经心理学方面的指导，柏林自由大学的 Sonia Lippke 博士和 Ralf Schwarzer 博士在健康行为改变方面的卓越研究以及个人的支持。感谢我的经纪人 Sheree Bykofsky 和 Janet Rosen 明智的建议和及时的反馈，McGraw-Hill 的编辑 Natasha Graf 对这本书的热情，让我自始至终备受鼓舞。

这本书中的概念、步骤和练习都直接或间接地受到我许多的老师、作者和研究者的支持，同样的还有来自我的来访者和工作室的参与者的反馈。要感谢 Roberto Assagioli，Sylvia Boorstein，Joan Borysenko，Joseph Campbell，Mihaly Csikszentmihalyi，Dalai Lama，Ram Dass，Teilhard de Chardin，Anthony de Mello，Wayne Dyer，Milton H. Erickson，Matthew Fox，Erich Fromm，Tim Gallwey，Thich Nhat Hanh，Kabir Edmund Helminski，Jean Houston，Carl Jung，Louise Kaplan，Jack Kornfield，Harold

Kushner, Georage Leonard, Stephen Levine, Donald Meichenbaum, Dan Millman, Wayne Muller, Michael Murphy, Robert Ornstein, Wendy Palmer, James Pennebaker, Fritz Perls, H. W. L. Poonja, David Richo, John C. Robinson, Ernest Rossi, Martin Seligman, Herbert , David Spiegel, Charles Spielberger, Richard Suinn, D. T. Suzuki, Shunryu Suzuki, Leslie Temple-Thurston, John, Helen Watkins, Alan Watts, John Welwood, Ken Wilbcr, Colin Wilson。

重要说明：出于保密需要，本书中所有涉及的病人和来访者的身份均做了修改。

前言

唤醒沉睡者

每个人都需要新的体验……如果不去改变，那些沉睡在我们内心的东西就不能被唤醒。睡着的应该被唤醒了。

——见弗兰克·赫伯特：《沙丘》

30年前，我被诊断出患有癌症，并且已经扩散到肺部，为此我接受了长达9个月的化疗。这段经历唤起我对生命新的体悟：不应该把时间和精力耗费在对生活琐事的担忧上。如果你和我一样，曾经幸免于难，你可能也会对生命，对身边所爱的人心怀感激。你可曾想过：这当头一棒唤醒的是什么？究竟是什么在沉睡？那是你最强的自我——那个等待着被全部开启的全新的人类之脑。

这本书的四步计划将教会你在没有危险信号警告时，如何唤起最强的自我。你将学会利用人脑的特有部位——位于前额中部，神经科学家称为前额皮层的执行组织功能——更加完美、快乐和有效地生活。

过去200万年间，原始人类的头盖骨逐渐进化出具有监控、计划、社会化和主导功能的现代大脑前额皮层。从猿、黑猩猩、直立人和穴居人的头盖骨可以断言，这些种群的眼—眉脊骨和向后倾斜的前额区域是正在进化的额叶区，这个区域还没有人类的调节功能和反省意识。现代人（智人）进化了的前额皮层——从前额到接近头顶的位置——使得大脑的平均大小增加到1 350立方厘米。这个进化过程发生在过去的12万年间。

这个最新进化出的大脑监控器调节控制着有5亿年之久的爬行类动物的大脑、有2亿年之久的哺乳类动物的大脑和有5 000万年之久的原始人的大脑。这些截然不同的单个大脑区域和功能在你的头盖骨里和谐共存。罗伯特·奥恩斯坦（Robert Ornstein）博士在《多重思维》（*Multimind*）中提到："人类大脑是一层层叠合起来的整体……因此我们的大脑不是单层而是多层的，每一层出现在不同时期，有自己的优势。"这些系统和功能的相互作用和整合使得你成为一个连贯的整体，而不会做出一系列单独的、不可预见的行为。必须有人来指挥这些多重的大脑区域，并且更新那些为适应几百万年前生活环境的习惯化反应，那时的生活环境和现在完全不同。这个重要的个体就是你最强的自我，它像一个单独的头脑，决定你更高的价值观，适应环境的改变，并且把低级的大脑功能整合为连贯的整体。

与最强自我联系的益处

每周我都会接待20名甚至更多的来访者，这些来访者和你一样，有才能而且富有进取心。当看到他们与那些阻碍幸福、效率和内心平和的屏障进行痛苦的斗争时，我会很心疼。我写这本书是希望你能够从中获益，它已经帮助很多人摆脱了以往的无效行为，发现自身真正的潜能，唤起生命中冻结和沉睡的部分。

本书不主张你费力使用那些源于狭隘的自我认识和低级大脑自动反应的无效方法。恐惧、抵抗和不确定的自我将不再主导你的生活。你将用这个星球上最高级最强有力的头脑去行动！

令人激动的是，《最强自我》会教给你开启潜能的方法，帮助你从狭隘的自我认识转向能给你带来更大快乐、放松和效率的生活方式。

唤醒你的“新大脑”

在灵长类动物过去 5 000 万年的进化中，人类超过 30% 的新皮层进化为前额皮层，而猴子是 11.5%，黑猩猩是 17%。进化出的人类前额皮层具有有效记忆、计划、预测、选择和神经元可塑性等功能，以及语言、创造力和成就感等人类特有认知能力的联结和表征。

神经科学家最近用功能性核磁共振成像技术（fMRI）研究发现，当个体在冥想和祈祷以获得超越感、内心的平静和专注时，新大脑（前额皮层）会被激活。他们此时也体验到与自身、与世界更强烈的关联。

唤醒最强自我的四步计划可以激活—唤醒大脑的组织和调控能力，使其更好地扮演主导的角色。当在生活中运用时，你会意识到低级大脑作出自主条件性反应。认识到这一点，你就能选择和主导行为，使其同你更高的目标、视界和价值相一致。

挣脱恐惧和自我毁灭的行为

唤醒最强自我的计划会使你能够与被英国精神病学家安东尼·斯托尔（Antony Storr）称为“某种超越本我的东西”相关联。这种东西常常被认为是自我、潜意识、宇宙、更高能量、天赋、内在力量、心灵和精神。

本书中，我把这种东西称为最强自我，它的核心是自我的预见性和主导力。本我（不是弗洛伊德精神分析学派所提到的本我，而是人格、意识和日常身份）只是你强大自我的一部分。通过练习，本我可以放弃傲慢孤独的斗争，而与更为强大的支持系统相关联。

这个计划会告诉你怎样主导生活，把自己从陈旧模式和恐惧中释放出来，这些模式和恐惧会阻碍你充分发掘潜能，达到更高目标。值得注意的是，人脑的进化和意识的出现并不排斥对上帝的信仰——这种更高级的力量和宇宙智慧。事实上，它和人类特有的能力相一致，这种能力使人类可以选择有别于其他低级生物的行为。你在执行这个计划时不需要改变宗教信仰。

减少冲突，更为平和地实现自己的目标

大多数来访者在采用本书提到的方法去实现自己最重要的目标时，都能维持更为平和的心态。一位来访者经营一个小企业，在减少工作的同时收入却增长了一倍；一个重 380 磅的来访者，一年减了 110 磅，而他似乎并没觉得自己在控制饮食；一名来访者在女儿婚礼前成功戒烟；一位来访者用这些方法通过了美国国家司法考试，要知道这是她第八次尝试；一个男人改变了自己 A 型攻击性行为，用他的话说：“就像在交通高峰发生的车祸时出现的佛祖”；另一位来访者克服严重的自我拖延，补交了五年的拖欠税款。在后面的章节中，你还将看到我是怎样战胜灾难般的癌症诊断和治疗过程。

比实现目标更重要的是，来访者和我自己都学会了**如何轻松地**实现目标——我们超越了同意识/本我的斗争，建立起与超我的联系。来访者们放开狭窄的自我意识，与最强自我建立联系，他们可以写书、编剧本、完成博士论文、出唱片，有一位甚至克服怯场的恐惧，在巴黎歌剧院演唱！年轻的来访者很好地克服了自己的注意力缺陷障碍（attention deficit disorder, ADD），顺利考上大学。

最强自我和新大脑（我在本书中提到的）的视角可以使包括我自己在内的普通人从过时有害的行为中解脱出来，更好地面对各种挑战。书中的内容和练习会使你快速上路，调整自己的行为以实现更高的目标和价值。

四步助你开启全部潜能

我们是如何达到目标、实现梦想的呢？实际上，我们正是按照本书将要介绍的四个步骤来做的。因此，你们也可以。

“第 1 步：抛弃过去无效的模式”，你会认识到在面对压力时，组成本能的和习得的本我反应的特有的语言、感受和生理体验。在第一章的恐惧嫁接练习中，你将发现自己本能的反应，这些反应会把你带入几个小时甚至几天的糟糕情绪。接下来你将学会打破恐惧和自我怀疑，开始用更健康的行为模式代替过去的旧模式。

“第 2 步：走进你的新大脑和最强自我”，你将学会以新的视角唤醒你的主导力。强调预期和主导力的观点将把你从过去的恐惧、挣扎和被压制的状态中解放出来。以优势的观点看待大脑的作用可以使你从个人陈旧的过去中摆脱出来，把注意力指向当前的挑战、机遇和目标。

“第 3 步：唤醒你最强自我的五个特质”，这五个特质包括安全、选择、存在、专注和关联，它们将使你远远地超越本我和意识，生活得更加丰富和完美。当你把这五个特质作为自己每天的许诺，你就能够从恐惧的模式迅速转换到更为广阔的自我认识。当开始以最强自我的视角生活时，你将减少压力、内心冲突、自我批判、压抑感和挣扎，增加自我的快乐、专注、内部力量和处理关系的能力。

“第 4 步：唤醒自我的领导以实现目标”，你将以自我主导的方式认识所有与自我相关的内容。大脑所有单个层次的功能都将被忽略，而被整合为一个适合完成当前使命和达到更高目标的整体，此时自我倦怠、拖延和矛盾情绪都会真正地消失，目标能够快速有效地实现。最新研究将告诉你，这些改变不仅仅是开始，而且将使你具备维持良好习惯的能力和韧性。

每天采用四步计划，即使有自我怀疑和过去的失败，你也将对自己有效和持续的行动充满信心，去实现自己更高的目标和价值。

预测你的进步

用下面的测验记录你现在的状态，这样你就能看到几个星期之后的进步。在接下来的一章中，你会明确在把唤醒最强自我的四个步骤付诸行动时，你将遇到的障碍。

为了测量实施计划后你所获得的进步，在下面的量表中记录你现在的压力、快乐、内心平和，以及与深层源泉相联系的感受水平。与附录 F 中的后测结果比较可以看到，在唤醒最强自我之后你在减轻压力、内心平和方面的进步。把量表想象成记录你当前压力、快乐、内心平和、关联水平的刻度表。

1. 压力

在表示你过去一周压力水平的平均数值上画圈

没有										无穷大
0	10	20	30	40	50	60	70	80	90	100

2. 快乐

在表示你过去一周快乐水平的平均数值上画圈

没有										无穷大
0	10	20	30	40	50	60	70	80	90	100

3. 内心平和

在表示你过去一周内心平和水平的平均数值上画圈

没有										无穷大
0	10	20	30	40	50	60	70	80	90	100

4. 关联性

在表示你过去一周与某些比自我更强大的事物间关联性的平均数值上画圈

没有										无穷大
0	10	20	30	40	50	60	70	80	90	100

预测你的意图和决心

对个人效率、自我效能和健康习惯（如：定期锻炼，改善饮食，戒烟）的维持状况相关关系的最新研究表明，可感知的控制感和行为意图是预测行为成功的关键因素。新大脑的组织功能——尤其是选择，焦虑和激励的调节，控制低水平的大脑活动——将使你更加确定，当从更高级、最强的自我出发设立目标时，自我的各个部分之间就会充分合作。当你确实执著于某一行动时，你将会拥有来自于强大自我的主导力和深层来源的强有力支持。

下面的五个量表将客观地测量当前你对自己改善、改变和掌控生活的动机、能力、自信、控制感以及意图方面的评估水平。

1. 愿望/动机

你希望在多大程度上改善、改变和掌控自己的生活?

一点也不想									非常想
1	2	3	4	5	6	7	8	9	10

2. 能力

你怎样看待自己在改善、改变和掌控生活方面的能力?

一点也不能									完全可以
1	2	3	4	5	6	7	8	9	10

3. 自信

在改善、改变和掌控自己的生活方面，你有多少自信心?

一点也没有									很强的信心
1	2	3	4	5	6	7	8	9	10

4. 感知到的控制感

你在改善、改变和掌控自己的生活方面感知到的个人控制感有多强？

没有控制感									完全能控制
1	2	3	4	5	6	7	8	9	10

5. 意图

你愿意每隔多长时间按照书中提到的理念和练习去寻求改善、改变和掌控自己的生活？

从不									经常
1	2	3	4	5	6	7	8	9	10

慢慢地阅读本书，或许每次一章，把书中的内容、策略和方法用到生活中。你会学到新的内容——或者运用这些内容的新途径——再提到这本书时，你就能想起书中激励性的故事和训练。阅读本书的时候，手边备好纸和笔，记录下你做练习时的体验，以及你所发现的消极行为模式。

期待着你的态度、观念和能力的内在转变。每章的训练会有助于你把新的能力整合到生活中，这些能力会将你和自己的内在力量相联系。为了实现这一目标，你需要在每天的生活中实践这些内容和训练。几周后，你大脑的主导能力就会被开启，同时你还会发现原来那个渺小的、畏惧的自我也会听从你的指挥。最后，你——最强自我——将掌控你自己的生活！

目录

最强自我

The First Step

第1步 抛弃过去无效的模式

第一章　直面恐惧，明确问题

所有关于生命的最主要和重大的问题都不能从根本上解决；这些问题只有在面对一种全新的更强烈的生活激情时，才可能消失。

——卡尔·G·荣格

25年心理学家和10年人生教练的经历告诉我，滞留在过去的问题中，不能有效地发挥你自己真正的潜能，一种更有效的方法是点燃一种新的生活激情。我们从明确五种有问题的方面和反应模式开始，这样你可以用行动步骤、主导力和最强自我的特质迅速取代这些有问题的反应模式。学会将你过去的模式看做是更强自我的一个很小的部分，这是你能获得巨大改变最关键的第一步。

练习观察和评论你的思维、感受和冲动，可以唤醒你更高级的大脑对低级大脑自动反应的意识，同时训练高级大脑对行为选择的执行能力。通过观察你的思维、行为和心境，你能够获得必要的距离和时间去选择与你价值观相符的行为，这些行为也与你所期望的自我表现一致。这个观察的过程还会改变你大脑的结构，使之在遗传的大脑和组织功能之间建立神经联系时更加灵活和适应。

选择直面你的恐惧 ▷▷▷▷

摆脱你原始的想法和反应是使你成为真正的人的能力，这种能力只存在于你新的人类的大脑中——前额皮层，它的快速扩大已经将前额区域推及头顶部位。

当你唤醒更多作为人所特有的能力时，你将能够选择直面恐惧而不是被恐惧所控制。每次你选择直面一种恐惧时，你都是在阻止用那种哺乳动物的大脑来控制你的行为和生活。所有哺乳动物都惧怕火，但是 200 万年前我们的祖先直立人已经学会战胜这种哺乳动物的本能，驾驭火以取暖和做饭。能够直面一种你企图回避的恐惧，你就可以从低级大脑的恐惧症中解脱出来，赢得一场恐惧嫁接（fear inoculation shot）的胜利，使得你在面对以后的恐惧和挑战时变得更加强大。恐惧嫁接将打破惯性、逃避感和负罪感的循环，同时增强你的动力和动机。

明确你的五类主要问题 ▷▷▷▷

了解人脑的构造在你应对很多生活挑战和五类主要问题时很有用。由图 1—1 可见，爬行类动物的脑结构（脑干），看上去就像从脊柱最上端长出来的胡萝卜。古老的哺乳类动物脑（边缘系统）——在古代啮齿类动物及现代猫和狗的脑中发现——包围在爬行类动物脑的周围，增加了在群落中学习和相互联系的能力。

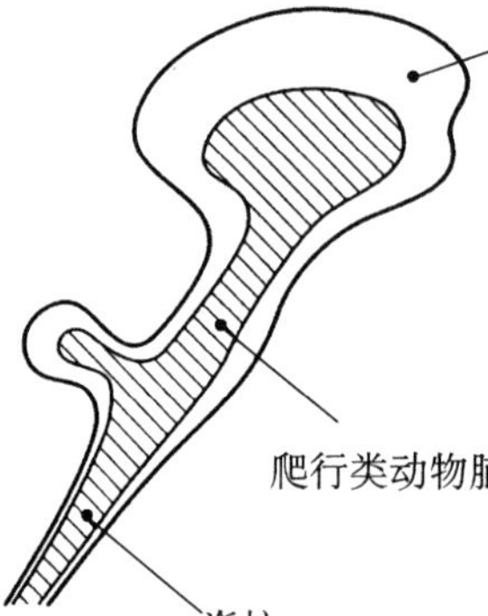

图 1—1　爬行类动物和哺乳类动物的脑结构

正如在图 1—2 中看到的，人脑的大部分区域是由看起来如珊瑚状甜瓜大小的东西组成，人脑部分环绕着哺乳类动物和爬行类动物的脑，位于它们上部。这个在原始脑上的扩张部分被叫做新大脑皮层，或者灵长类动物的脑。因为人脑是建在人类祖先的脑结构的基础上——还保留着许多祖先脑的特征，因此若没有前额皮层，要完成管理我们思维和行动的任务几乎是不可能的。

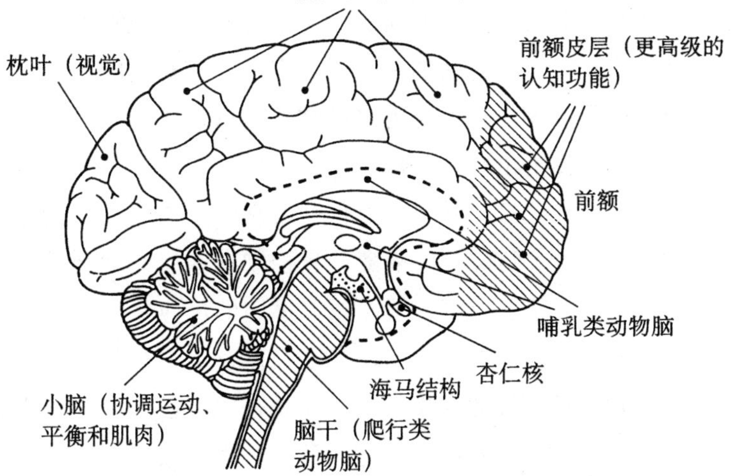

图 1—2 人脑结构

这个人脑特有的部分位于新大脑皮层的前 1/3，它拥有最主要的组织功能。这个大脑区域使我们有语言、组织、计划、自我调节和决策的能力。前额皮层在过去 200 万年间的快速进化将我们的前额延伸到接近头顶的位置，使得我们的前额有别于更低级的猿和穴居人的前额。

应用最强自我的项目可以减少和解决以下五类主要问题：

1. 压力和恐惧
2. 内心冲突和矛盾
3. 压抑感和混乱感

4. 自我批评和自我责备

5. 挣扎和孤独

只需要几个章节，你就可以把你自己从原有的表征和默认的反应转换到最强自我所具有的观点、角色和声音中。你将学会识别那些依赖于有限的，而且通常是原始的办法来处理当前生活压力和挑战时所引发的话语、担心和生理紧张等信号。那些阻碍你意识到实现自我幸福、成功和内心平和的真正潜能的障碍，都将减少或者被你完全清除。

现在开始第一步，用下面的五类主要问题去识别表现你现在行为和消极的内心对话的症状。在识别和核对你的症状时不带任何的自我批评，只是告诉自己你正在开始第一步，把自己从过去陈旧的破坏性模式中解脱出来。

当我们在进行这个项目时，你会发现，如果你能找到那些最初反应来源的大脑位置，隔离并且控制这些反应就会变得更加容易。例如，某种恐惧、战斗或者逃跑的反应来源于脑中较古老的部分——爬行类动物脑，它已经存在了5亿年以上。这并不是让你抗拒有效的逃生反应，而是在危险已经过去，或者一条看起来具危险性的蛇被认定为只是一根树枝时，让你用具有执行力的新大脑作出决定。蛇只是在几亿年前才是个大难题，现在你或许应该重新设定你大脑的习惯化反应，以便让大脑对汽车、犯罪团伙和电更加敏感。

第一类问题：压力和恐惧

想想你在遇到工作压力、考虑家庭账单和开销、担心健康状况和医治疗程、被伴侣和家人责备时的感受。

症状表现的例子

- 我常常感到惊慌失措和焦虑，担心一些糟糕的事情会发生。

- 我在工作、休闲和人际关系中的本我和自我价值常常模棱两可（依靠其他人的评价来获得）。
- 我尝试用各种各样的嗜好和依靠来应对焦虑，比如迷恋咖啡、糖果和酒精，并且变得依赖于我的人际关系。
- 我企图控制他人和事件，以回避失望，避免对我的自我价值带来威胁。
- 我常常难以入睡，因为我脑子里总充斥着担忧和焦虑。

消极的自我对话：如果现在这里有一个潜在的危险，你会说：

- 如果事情变糟糕了会怎么样?
- 我不能承受失败。如果我遭受失败，我会感到痛苦，会觉得没有价值。
- 我缺乏自信心，我对别人对我的表现和工作的看法总是担心不已。

可能涉及的大脑区域

- 爬行类动物脑的急性应激反应。
- 哺乳类动物脑害怕因违反禁忌和规则而受到队伍、群体和群落的袭击、抛弃以及羞辱。
- 杏仁核对喜欢、厌恶的情绪反应以及对恐惧和生气面孔的认知。
- 额叶对疼痛和批评的预期。

你可能缺乏最强自我的安全和自尊的特质。

第二类问题：内心冲突和矛盾

想象一下，你需要决定开始或者结束一个项目，这个决定让你感到非常为难，注意感受哪些内心冲突和矛盾的症状会出现。

症状表现的例子

- 我工作很努力，但是我害怕出错，担心被指责，所以我觉得很矛盾，难以作出决定。
- 我试着威胁和指责自己，企图通过这样来激励自己，但是事情却变得更糟糕。
- 我告诉自己必须要去做这件事情，然而这样往往会使我觉得其实自己非常不想做这件事，这种感受会导致内心冲突，拖延事情的进展，阻碍目标的实现。
- 因为没有坚持最初对他们的承诺，我觉得心里有愧，所以迟迟不给家人、朋友和客户打电话。
- 我憎恨所有手握权力者——父母、老师、老板——抵制任何我不愿意做的工作。

消极的自我对话：当你想激励自己时，往往会说：

- 尽管我不想做，但是我必须要做。
- 我要完成一项非常重要的计划，必须干得很漂亮，忍受没有乐趣的生活。
- 我不希望自己迫不得已去做这件事。
- 我别无选择。在压力下我要做到最好。我只是希望能赶紧结束它，一劳永逸。

可能涉及的大脑区域

- 哺乳类动物脑中与过去痛苦经历相关的回避区域。
- 在遇到攻击时，作为一种逃生机制，哺乳类动物脑作出的屈服、回避和让步等荷尔蒙反应。
- 个人需要与习得的家族、社会规范之间的冲突所引发的左右脑内部冲突。

你可能缺乏最强自我的选择特质。

第三类问题：压抑感和混乱感

想象这些情景：你正同时处理好几项任务或者做一项需要几周甚至几个月时间才能完成的大项目。

症状表现的例子

- 我试着一个人扛下这一切，不知道什么时候该寻求帮助，没有意识到超负荷的工作和巨大的个人责任已经超出我所能承受的范围。
- 我花费过多时间尝试最大程度地扩大自我可能性，拼死挣扎想要控制人和事以达到成功。
- 我过着一种大杂烩式的生活，买各种各样的小玩意儿和时尚的东西，狼吞虎咽式地抓住许多东西、食物和人，而不会细细品味。
- 我会觉得集中于一件事情是非常困难的，我常常迟到或是来去匆忙，因为有很多事情我觉得必须要做，这样才能让自己好受些。
- 我总是为自己制定过多的计划，让自己觉得陷入过多的工作和约束中，这种事情总是重复发生。

消极的自我对话：当你感到压抑时，你会说：

- 我想把这一切都做完，但是事情太多，我不知道从哪里开始。
- 我尽可能快地往前跑，然而我总是应付不了这个工作量，我觉得精疲力竭。
- 我远远地落在后面了；我不得不奋起直追。
- 如果我不能把所有的都做完，他们会怎么样？

可能涉及的大脑区域

- 前额叶对将来工作、挑战和指责的预测——还有海马/杏仁核对过去失败和创伤的记忆——诱发过多能量尽力应对过去和将来这两种虚拟现实。

- 哺乳类动物脑（边缘系统）中压抑和冲突情绪的信号。

你可能缺乏最强自我的聚集于当下的特质。

第四类问题：自我批评和自我责备

想想你倾向于自我批评的情景。尤其是那些当你遇到危险和想要做到最好时的情景。

症状表现的例子

- 我认为有一部分自己是懒惰的，为了完成任务，需要常常批评、威胁和挑剔。
- 我觉得无论做什么，都不能做到足够好，我应该更早些开始做。
- 我很少接受自己，除非我的表现无与伦比。
- 我认为有一部分自我使得事情变得困难，妨碍我的成功。
- 我关注我有什么问题（"为什么我会弄洒牛奶?"），而不是关注应该做些什么来处理这些问题（"我怎么把它弄干净？什么时候开始做?"）。

消极的自我对话：当你面对一个挑战或者障碍时，你会说：

- 我一定出了什么问题。为什么我总是把牛奶弄洒?
- 为什么我就不能这样做？我应该更努力。如果按照这个速度，我不可能成功。
- 我如何解释下一个失败？我要振作。

可能涉及的大脑区域

- 哺乳类动物脑作出屈服、回避和让步时的荷尔蒙反应——遇到攻击时的逃生机制——引发羞愧、低自尊、失败、沮丧、打击积极性（不愿意尝试）的体验。

- 规则、批评的声音以及对父母和老师的惧怕在左脑中的内化。

你可能缺乏最强自我的宽容和聚集于任务的特质。

第五类问题：挣扎和孤独

想想当你试着解决问题，实现目标，或者克服写作障碍时，更加努力，不断投入工作时间，却没有任何进展。

症状表现的例子

- 我拼命从某人或者某件事中寻找和力争获得平和、快乐和满足感，然而我似乎根本就找不到。
- 我感到精疲力竭，试图用看电视、暴饮暴食、沉溺于网络、煲电话粥等方式来逃避。
- 我长时间工作，很少放松，然后暴食垃圾食品，酗酒，嗜烟和狂欢——但是我却很难感觉状态恢复和满意。
- 我提醒自己要坚强（我不需要任何人），但有时却长时间地向比自己更有力量的人或事屈服。
- 我认为自己应该处理所有的事情；没有人能够支持我，我不信任任何人，其他人都不能做得像我这么好。

消极的自我对话： 当面对挑战，你试着不断努力，孤独挣扎时，你会说：

- 我应该更加努力，但是我已经很累了，而且毫无进展。
- 我已经付出很多，所以我理所当然奖励自己零食、糖、酒、电视或者香烟。

可能涉及的大脑区域

- 产生有界本我感觉的左边颞叶功能，这个本我从其他脑区，从动物的本能、自然、母亲和上帝中分离出来。

- 当右侧大脑直觉功能被忽略时，左侧大脑线性功能处于优势地位。

你可能缺乏最强自我的关联特质。

评价和识别你的自我管理类型

如果你发现自己所有的表现都和一类问题症状相关，或者超过所描述的 25 个症状中的 15 个，你就确定无疑需要阅读这本书，使用书中的练习。

如果你发现自己的表现在一类问题的症状中少于 3 个，或者在所有症状中少于 15 个，你仍然需要学习一些方法，帮助你生活得更加轻松，同时将自我认识稳定在一个最好的状态。

如果你一个症状都没有，请联系我，我要向你学习。

注意当你试图激励自己时，你会对自己说些什么。你的自我管理是否有效？如果无效，你可以通过学习本书中提到的有效自我管理的技能，来帮助你在实现目标时减轻紧张感，提高效率。在第四章中，你将学会以最强自我的声音来说话，从现在起，你正处在第一步，正在识别那些使你固着在无效模式和空虚无用的行为上的话语和感受。

通过开始识别你的症状表现，你就会开始运用自己大脑的执行功能，就会唤醒最强自我（在第三步中）去使用它的五种特质来消除那些症状。你可以从接下来的恐惧嫁接练习开始，帮助你清晰地识别自己的反应，冲破所有阻碍你发掘自我潜能的障碍。

第一章的练习：恐惧嫁接

选择在你当前的职业或者个人生活中，你所面临的三个压力最大、最为担忧的任务，把它们记在笔记本上。让我们以此开始我们的练习。

接下来完成一次心理预演：想象你遇到一种最有压力的工作、人际关系或者生活情景。观察并感受这个情景中的自己。记住，直面自己不舒服、恐惧和自我怀疑的感受，这是从恐惧症、回避行为和破坏性习惯中解脱出来的关键。回避恐惧会使恐惧恶化为恐惧症。

- 闭上双眼，这样你就能准确地识别自己的身体和思维都发生了什么改变。
- 注意在最初的 5 秒你是如何反应的。你的身体（呼吸、心跳和肌肉紧张的部位），你的思维和想象，你的感受发生了什么？
- 注意你的反应，不带任何的判断和比较。简单地观察，注意自己在紧迫、压力和对抗时的自动反应。再一次在笔记本上写下：

a. 生理感觉

b. 思维和想象

c. 内心对话

在紧迫和压抑的场景中坚持 30 秒（大概 5～6 次深呼吸），你会获得恐惧嫁接的体验，帮助你在面对将来的紧张和恐惧时更加坚强，富有弹力。当你选择与自己本想回避的事情共处时，你就在告诉自己的低级大脑主导者你决定解决问题而不是逃避。你的头脑和身体将切断急性应激反应，把你带入一个更为平和、更加集中的能力水平。注意仅仅 30 秒的心理预演中所发生的所有改变。你的呼吸、心跳、肌肉紧张、思维和感受是怎样改变的？

如果你的紧张在增强，阅读下文，然后以观察者的角度重复这个练习。保持一定距离，观察你的生理和情绪反应，就像看电视和电影一样。如果两到三次重复之后还是没有改变，你可能患有严重的焦虑症或者创伤后压力症，你需要到具有职业资格的治疗专家那里接受咨询治疗。

一旦你认识到自己面对紧张和压力时的原始反应，你就要准备好转换到行为、平衡和效率的最佳状态。与旧有的习惯和恐惧不同，取而代之的是你将掌控自己的行为，使自己的行为与更高的视野和价值观相一致，与你全新的充满潜能的大脑相一致。

劳伦的恐惧嫁接：参加律师考试

劳伦参加过 7 次美国律师考试都没有通过，她担心如果再失败就会丢掉工作。劳伦开始她的心理预演：看到她自己在一间大房子里参加为期 3 天的第 8 次律师考试。

她按照训练指令，注意自己在最初 5 秒的反应。她关注——不带任何判断地——她的身体（她的呼吸、她的心跳和她肌肉紧张的部位）、她的思维和想象、她的感受以及她如何对自己说话。劳伦注意到自己在紧张和压力情景下的自动反应包括肩部和颈部的肌肉紧张，胃部紧缩。她的思维和想象涉及对失败的恐惧、怨恨和无奈。她注意到自己最初的内心对话包括对将来的考虑（希望这个痛苦的过程结束，她已经通过考试），试图做好的压力（“我必须通过，否则我将丢掉工作”），自我责备和自我批评（“你怎么会陷入这场混乱？你究竟怎么了？”）。

劳伦通过几次恐惧嫁接训练，以便了解自己那些原始无效的反应，并让自己做好准备，学着转向最强自我的视角，用安全的特质代替压抑（即使她又失败了），用全心投入 3 天的考试以展示自己所掌握的知识来代替内心的冲突。

那个害怕失败，抗拒再次考试的她开始变得平静，劳伦把这个她叫作强有力的主导者。她发现自己的每个部分可以通力合作来应对这个非常艰巨的任务，她可以享受这个考试——并且在第 8 次尝试时通过了。

心理预演：遭遇恐惧和压力

在一周之内的每一天，用上述三种日常压力情景中的任意一种来重复这个心理预演练习。很快你就能识别自己无意识的自动反应，并知道这些反应什么时候最有可能发生。从任意一种你感觉最放松的情景开始——与一个烦人的邻居谈话，向老板提出升职要求，交纳个人所得税。当你建立自信之后，再去面对更加害怕的情景。这样可以诱发你最强有力的原始反应，使得这些原始反应更容易被识别。

对任何可能唤起焦虑、自我怀疑或者回避的事情、人和情景进行心理预演。识别在最初 2～5 秒你所体验到的原始的生理、情绪和认知反应。这将帮助你准备好在现实情景中有出色表现。

在想象的情景和所唤起的感受中停留至少 30 秒——大约 5～6 次呼吸。直面 30 秒，不要使用日常的逃避机制，这样你能获得一次恐惧嫁接的机会，使你准备好更轻松地面对将来的挑战。你和你的高级大脑将开始掌控你的时间和生活。

捷径训练

在一次美妙的假期中，你满怀希望，期待着重新认识你自己，那个没有担忧和计划、放松和愉快的自己。你可能会发现你能处理小小的沮丧和失落，不让它们破坏你的生活。

这是观察和识别那些像触手一样，可以把你拉回到休假前行为模式的默认的恐惧和习惯的好时候。某一天，把所有你原始的反应看做需要重新审视和更新的陈旧的条件反射。观察并考虑用新的选择代替它们。你将在接下来的三章中发现更加健康、更加有效的选择的例子。

祝贺你！你已经完成了一个非常重要和关键的第一步，这一步将使你不再固着在旧有的、缺乏活力的模式中。在接下来的章节，你将学习如何用五个可以整合自我所有部分的特质来代替空虚过时的习惯，以实现你的最高目标和价值。

第二章　超越你的本我

每当我训练某个人的时候，无论这个人抱怨什么，我发现最有效的方法是首先鼓励他看到并且感受他正在做的事情——也就是说，增加他对事实的觉察。

——蒂姆·盖洛维：《网球的内心游戏》

运动是一种低风险、有趣而快速的帮助你超越意识以及意识所控制的力量和意志力，进而扩展你对自我的认识的途径。学习改进你高尔夫球的挥杆技术、溜冰技术，或者网球发球技术，可以等同于在做深入思考的练习。为了在某项活动中表现最佳，你必须抛开来自本我的担忧和一些干扰的声音，把自己更高级的大脑和你身体的智慧相联系。扩展的自我认识带来的整合可以使我们不费吹灰之力超越本我的挣扎和意识层面中的不自信。

当我们把对自我的认识局限在意识思维和可控力量的范围内，我们就把大脑的功能限制在获取线性知识的左半球。这种有局限的观点把我们的思维仅仅当作可控的力量，而把我们与更大的潜意识思维的智慧——右脑，我们的想象力思维——和我们身体所拥有的机械学和物理学方面的直觉认识相分离。这种获取信息的概念忽略了右脑所具有的灵活性力量，而右脑吸纳智慧的方式正像婴儿按照自然进度学习语言和说话、学习从爬到走的方式一样。摆脱了一种完全定型、分离的自我的阻碍，婴儿以不可估量的速度快速学习，这种学习的速度比以自我为中心的成人要快得多，成人往往过分意识到自己内心的挣扎和肌肉的被控制感。

这种对身份的局限认识带来几个问题：当你的意识和本我睡眠的时候，谁在照管你？即使你并不怎么了解细胞生物学或解剖学，你仍然知道睡眠时在做梦、继续呼吸、修复细胞，每分钟产生500万个健康的血红细胞——这些工作靠的是你的哪个部分？如何才能把自我扩展到更多的脑细胞能量，你的潜意识智慧，某些超越本我和意识控制的更高级的部分？哪个部分的你可以协调和整合所有这些分散的功能？

当你完成第一步和第二步的练习后，这些问题的答案就会变得显而易见。在接下来的几周，当你按照完整的四步骤的练习去唤醒你的强大自我时，你会发现你不再把自己局限在低级大脑的反应、旧有的习惯、一些小的分离的人格冲突。相应的，你能够同最强自我以及与其相关的深层资源所具有的更广泛的智慧和力量相联系，包括潜意识、整合的左右脑半球和身体的智慧。

你不必感到分离 ▷▷▷▷

当你仅用本我、意识思维、个性或者低级的大脑反应来确认自己时，你会使自己在面对压力、矛盾、担忧、自我怀疑、混乱以及对指责和放弃的恐惧时，变得更加脆弱。本我有限的资源在应对生活时会很吃力，会感到孤独和缺少支持。同样的，当脱离一个更强大的支持系统来应对生活时，你很可能会选择其他的支点来逃避恐惧和伤痛，例如暴食、酗酒、吸毒，以及沉迷电视或网络等任何可以减轻独自挣扎所带来的痛苦的方式。

相反，把自己转换到一个更广阔的自我，把自己集中于更大的支持系统和视角，可以减轻紧张感、自我破坏以及对毒品和他人的依赖。把你的意识思维同潜意识的天赋思维、大脑的左半球和右半球相联合，可以增强你的创造力。

同最强自我相联系的过程完全不同于简单要求你的本我更加努力尝试，你还需要参与一些实验。

与超越本我相联系的必要练习

如果你希望从这本书中介绍的整个项目中充分获益，那么完成下面的练习非常关键。

1. 站直，一只手抓住一本书、一个公文包或者钱包，放到齐肩的高度，直到你感到不舒服或者疲劳为止。想象你一整天都需要这么做，而且天天做，考虑你需要哪些习惯和支持帮助你从容应对这个任务。

2. 再次站直，抓住你面前的物体直到感觉累。把你的肘放到臀部。把你的另一只手放到物体下面支撑其重量。注意当你的手臂和身体的其他部位相连，并从另一只手获得帮助时，要举起相同重量的物体就变得非常容易了。

3. 为了更强烈地体验与超越挣扎的本我的某些东西相连的感受，屈膝站着，同时让你的臀部、腿和脚缓缓下沉以获得地板的支撑。深呼吸，抓住它，当你呼气的时候，想象你漂浮于地板、建筑物和地面之上。你的本我、人格和意识不再是孤军奋战。你现在同更加强大和智慧的身体系统、整合的大脑和自然定律相连。

在练习第一步中你所体验到的不舒适感，可以类比于在生活中，当只有一部分的你——这个练习中以伸展的手臂和手所代表——在孤军奋战时，所经历的挣扎、疲惫和痛苦。这个简单的练习让你明白，当你从整个大脑和自我（练习中以身体和其与地板、地面的联系为代表）获得支持时，所有的事情都会变得轻松。

当你把自己从孤立、较小的人格和本我中扩展时，你整合自己的意识和潜意识资源，从而更轻松地面对生活的挑战。同样的，当你把自己的资源扩展到朋友和能够实现自我价值和体验到安全感的共同体时，你也能更轻松地应对生活的挑战。

著名的精神分析学家和临床催眠师米尔顿·埃里克森（Milton Erickson）博士曾说过关于生命的很多恐惧都源于我们把自己当做一小杯水。以这个狭隘的观点来看，仅仅失去几滴水似乎都是对我们身份和安全感的严重威胁。埃里克森博士后来提到："如果是海洋会有多大的不同！当你是一片汪洋时，他们就不再会伤害你。他们可以从你这里取走一盆水——而且不伤你一根毫毛。"当我们学会以最强的——"海洋"——自我生活时，以前的大多数问题和症状都会消失。

丢开你过去的身份 ▷▷▷▷

当小时候我在新泽西州泽西城时，我的梦想是要成为一个专业滑雪者。但是到我成年后，我的水平仍然只是中等。每次当我面对专业雪道时，我都会在雪道上以一个角度滑上50码，然后——在加速前——我可以用一种灵巧的技术停止向下滑。然后我以相反的方向滑过雪道，用另一种技术下滑，并重复这个过程，直到我经过山上最陡的冰冻部分。这种小心谨慎的应对方法能起作用，但是——和许多原始的应对方式一样——很痛，很累，而且不足以应对更长的雪道和生活中其他回报丰厚的挑战。

不要等着过去的你变得自信

1992年3月12日，在英国哥伦比亚的惠斯勒山上，我幸运地遇到了一位非常出色的滑雪教练温德尔，他所说的两件事情使得本书的工作可以开展。温德尔看着他班里的10个学员，每一个都超过40岁，他说："你们都有最新的装备，可以使你们轻松地滑雪。如果你们仍然用二三十年前刚刚学习滑雪时所用的笨重雪橇和靴子，那么你们仍然面临艰苦的斗争。"

我认为，这是对我在咨询者中重复看到情况的完美比喻。他们是具备来之不易的技能的多才多艺的人，但他们以儿时就有的恐惧、过时的应对方式和自我怀疑，而不是新能力和成熟自我来处理现实生活中所遇到的问题。他们仍然在用孤立的部分自我、过时的方法、陈旧的大脑和有限的观念同生活中所遇到的问题作斗争。

转换到新的自我比改变原来的自我更快

你的身份——你所认为的自己——是你生活的绝对主宰。它会决定你期待什么，你怎样感受。为了实现你真实的最强的自我所拥有的潜能和快乐，你必须从过去的有限的身份认同和原始应对方式中解放出来。

温德尔不仅是一个出色的滑雪教练，他还是一个杰出的生活技能导师。他的第二条声明对我的影响比第一条还要深。他说："我没有时间去教会过去的你成为一个滑雪专家。因此我要把你们的名字改为天生的滑雪者。"对着我们滑雪班的每个人，他接着说："你可以是弗里茨（Fritz）；你是弗朗兹（Franz）。你是海迪（Heidi），你是英格丽德（Ingrid）；尼尔（Neil），你是琼-克劳德（Jean-Claud），奥运会滑雪冠军。"

通过把我的身份快速地从过去的我身上移开，温德尔把我从恐惧的声音里解脱出来，赋予我一个滑雪冠军的角色和身份——确信自己可以控制滑雪板和任何的自我怀疑。在温德尔的指导下，我丢掉过去对自己的想象，我学会了——仅仅三天时间——如何从山顶沿着标有"专业滑雪者专用"的雪道滑下来。

3 月 15 日，我就像从来没有失败过的滑雪专家一样，直接从山的正面滑下。我仍然能听到过去那个害怕的声音在吼叫，这个声音还带着浓重的泽西城口音：“我们太快了。我不知道该怎么滑！哪里是常常摔跤的地方？”但是滑雪带来的兴奋感远远超过了我的能力，在被积雪覆盖的山顶和各个方向的松树所形成的景色中，我集中精力于实现自己长久以来的人生梦想中。我不会让过去的恐惧把我从与山、与自然、与我新发现的整合自我的能力之间的美妙的联系中推开。

我生命中第一次毫不费力地滑雪——我的滑雪板在冰河里刻下 S 形——比我以往的任何一次都更急速，更顺畅。看起来似乎是慢动作完成的。当我可以来回地看我身体下面滑过的痕迹时，我知道自己达到了顶级运动员所说的——一次非凡的表现，远远超越了本我的期待，超过了意识到的努力所能实现的可能。我的思维和身体，我的意识和潜意识，我的左脑和右脑都融合成一个整体。

我那天滑雪时所发现的非常重要。如果我们按照下面说的来做，我们每个人都可以获得快速的进步，几乎不费气力。

1. 暂时丢开我们过去的身份，停止它有限的观点所带来的挣扎。

2. 走进扩展的自我，这个自我拥有新的改进的方法，以开启有着巨大智慧和资源的新头脑。

3. 从原始的恐惧和反应转向对我们梦想和使命的关注。

4. 唤醒强大的自我，它能够整合各个部分以实现开启我们完整潜能的目标。

我们每个人都可以学会转换到更新的身份，这个身份包括我们的新的头脑，并允许我们在超越原有信心的基础上轻松地表现。

回归整体

在《变革》(*Transformation*)一书中，罗伯特·A·约翰逊(Robert A. Johnson)简洁地阐述了人类大多数担忧和挣扎的核心所在：整体性、无条件的爱和“天堂”的丧失；从过去和外部事物中寻找天堂的徒劳；变革所引起的不断增加的痛苦把我们再一次带回整体性。

如果你希望掌控你的生活，实现全部潜能，你的挑战是从失去的孩童时代向一种新的整体性过渡。本书的一个目的是作为指南，帮你找到一条通往整体性的道路，同时让你具备实现全新整合的自我认识所需的各项技能。

我们今天大多数不满意都是因为我们允许小的、分离的本我在错误的地方去寻找天堂。这个本我的部分和意识思维——感觉同母亲、上帝、天堂和潜意识相分离——仅仅是我们进化史和发展过程中的一个事实。它没有必要成为一个问题或者错误。

我们的任务是承认分离，不管是真实的还是想象的，然后去寻找整合的途径。在唤醒最强自我的第一步，你正学着识别这个小的原始的你如何对生活作出反应。这将帮你准备好在第二步转向易于扩展到更加强大和整合的自我的观点和角色。

下面的表对比个体自我从分离的本我向整合的强大自我的转换——同它的资源和大脑主导功能和角色相联系。表中左边一栏是你通过本书提到的内容和日常训练可以获得的能力。那些把自我的各个部分同最强自我相联，同自我所拥有的更深层资源相联的人，可以更加安全和更少冲突的方式生活。那些仅仅以本我来生活，而与最强自我相分离的人，会发现自己总是在孤独地挣扎，无效地应对，正如右边一栏所描述。

联结还是分离和抗争？

当你和最强自我相联时……	当你有一个分离的本我，并且在孤军奋战时……
你接受失去天堂，无限力量和无条件的爱的现实，为此你感到遗憾。	你否认失去，维持着无限力量的假象，为此有罪恶感。
你承认自己容易受到痛苦和失败的打击，并接受这一点。	你否认自己容易受到打击，对潜在的失败极度焦虑。
你能够接受和原谅自我，从自我威胁中获得安全感。	你惯于自我批判，经常用自我威胁的言语使自己长期处于紧张状态。
你有一个清晰的设想和优先关注的事情，这些都同你更高的价值观相一致。	你会因为最近紧迫的事情分散精力，总是为某些将来的保障而工作。
你确信自己的内在价值，使自己不因评价而受到任何伤害。	你的价值由外在事物、其他人以及你的表现和成就来决定。
你能够发掘内在的资源，这使你能够轻松地展现最佳状态。	你不得不挣扎，因为你只依靠有限的意识思维资源。
你通过选择，打破内在各部分之间的冲突。	你仍然无所适从，面对内心“不得不”和“不想”两种声音之间的冲突，充满矛盾。
你把现在作为生命中珍贵的时刻，尽情享受。	你担心未来，后悔过去。
你以双赢的观点来构建与他人的关系，允许不同的观点存在。	得失、对错的思考不断在你内心引起争论和冲突。
你相信一种更为深邃的智慧和强有力的支持系统，并与之建立联系，因此保持自然和放松。	你需要控制结果，保持警惕以避免出错和维持一种安全的假象。

注意分离的、孤独的和挣扎的本我的哪些表现——在右边一栏——可以最好地描述你现在的状况。然后学习左边一栏所提到的特质，你将开始逐渐与最强自我相联系。

玛丽：对她新身份的承诺

一个名叫玛丽的来访者希望可以获得帮助，以减轻处理新的快速发展的生意所带来的压抑感。42 岁时，玛丽实现了梦想，拥有了一家自己的公司，但是迅速的成功改变了她的生活，她变得紧张和焦虑。她说："我不能控制自己的生活和时间。我想把精力更多地集中在我最看重的事情，即我的健康和我的家庭上。"

几个阶段后，玛丽了解了我所讲述的内容，在工作和家庭中都在使用本章末介绍的练习。为了唤醒自己的从一种压抑的、疯狂的自我向最强自我的新身份转换的能力，玛丽列出一系列"我"的宣言，她把写有下面内容的单子贴在冰箱上、浴室镜子上和办公室的各个地方：

- 我现在会留意和听从所有组成整体我的各个部分。
- 我不再允许被压抑的那部分自我孤军作战，并不再担忧如何掌控生活。
- 我不想让收容所里的被收容者随意乱跑，我不想让参赛者告诉教练比赛如何进行。
- 我现在有一支队伍聚集在更高目标周围。
- 我现在必须向那部分孩子气的自我道歉，因为我早就应该对自己的生活负责了。
- 我现在要出面去做引导我生活的事情。
- 在那些更小的自我陷进过去的故事和模式，试图独自应对令人压抑的事情之前，我掌控它们。
- 我是最强的自我，和一种更加强大和深邃的智慧相联系。

玛丽不再只是认同本我，这个认为必须孤立抗争的自我部分。当她意识到被压抑时，她会把这个意识作为信号，唤醒最强自我的掌控和支持。她已经明白，依靠有限的自我和一小部分自我资源去处理工作和生活方面的困难都是在浪费时间。当玛丽每天面对压力时，她把这些作为前面所讨论的关键练习的延伸，并且提醒自己借助椅子和地板的支持，同扩展的自我认识相联系。

这种新的能力帮助玛丽有效地从过去模式中解脱出来，允许她更加快乐和高效地生活。而什么能带给她更强烈的内心平和感呢？她说，是她体验到的新唤起的最强自我与一种更加深邃的智慧相关联，并且获得这种智慧和能量的支持的感觉。

第二章的练习：你并不孤单

你正在开始把自我的认识扩展到你意识到的能力和潜在的能力。现在你可以把你出现的挣扎和担忧的症状作为信号，这些信号警告你，你正在以有限的和孤独的自我应对生活。没有必要再用这些有限的自我部分来管理你的生活，这种方式不再受欢迎。在追求更高价值和目标时，有限的自我并没有那个整合各部分的自我运行起来那么有效。下面的练习将帮助你把自我认识转换到更强的自我，脱离那个一成不变地以过期的技能经营自己生活的分离自我。

1. 用一个星期的时间，关注任何生理和情绪上的斗争，把这些斗争视作你正在摆脱与身体和最强自我分离的那小部分自我、企图自己解决问题的信号。重复之前举着书、杯子或公文包到齐肩高度的练习，回忆当时的感受。

2. 观察并注意你自己的话语和思考，“我很沮丧，受到惊吓，很压抑，很紧张”。

3. 当你意识到你正在认同那个小部分的自我（可能是源于过去），赶紧把你最初的话语和思维替换成：“有部分的我感到很沮丧，受到惊吓，很压抑，很紧张”或者“现在我意识到了紧张、沮丧等感受”。

这个练习将帮助你不再认同那些阻碍你认清真正潜能的，

过时的本我的应对模式和低级大脑的习惯性反应。这个练习使你能够维护源自最强自我和更高价值的生命责任。现在你已经准备好开始第二步，把自己转换到更加有力和富有智慧的最强自我的观点、角色和话语方式。

最强自我

The Second Step

第2步 走近你的新大脑和最强自我

第三章 走近最强自我的视角

事实上，拥有内心平静的主观感觉常常伴随着这样一种感觉：有某种存于于本我之上的东西；正如它所呈现的那样，一直引导着个体发展的全过程。

——安东尼·斯托尔：《人格的整合》

1980年，佩姬为了提升她的职业生涯，开始和我合作。但是她发现自己常常陷于内心两种不同声音拉锯战的困境中：一种声音害怕失败，另外一种相反的声音则充满批评和嘲弄的口吻。那个时候，我使用了格式塔（Gestalt）治疗技术，这种技术需要佩姬在呈现出自己不同部分的声音和视角的时候，变换她的座位。当佩姬一边变换座位一边呈现出她内心冲突的各方的视角的时候，她能够意识到她内心感觉到的两个“阵营”的感受和思想是怎样进行斗争的，以及如何使她陷入困境。我从第三个视角，即心理治疗师的角度，记录下冲突双方的对话，并用心记下佩姬的目标。

我突然想到，如果佩姬坐在我心理治疗师的位子上，那么她就能够受益于类似于人类前额皮层的观察和决策功能的第三种视角。当她坐在我的位子上，我在冲突的两个“阵营”的位子上来回调换，并且重新读出当她呈现冲突一方的视角和声音的时候所说的话。这种对于格式塔技术的调整，为佩姬带来了一种态度和自信方面意想不到的巨大而积极的转变。

从第三种视角看待事情，佩姬很容易把自己假定为有权力和同情心的领导的角色。然后，她能够更加客观地看待双方，记住她自己的目标，而不是陷于内心自我声音的争吵和恐惧。佩姬的转变类似于当我们唤醒我们最强自我并开始执行最强自我的组织功能时所发生的情况。

一旦佩姬超越她较低级大脑的较为短浅的视角，她就能够看清楚这些恐惧和冲突，并且意识到这些已经掌控了她的生活。现在，佩姬能够在安抚一方恐惧的同时舒缓另外一方过度的热忱和担忧，而不再被迫陷于两个阵营的争吵中。

发现第三种视角 ▷▷▷▷

正如佩姬所命名的，“第三把椅子”（the third-chair）技术是当我们观察我们的内心声音和反应并将它们统一于三角形或方阵最高点时所发生情况的形象表述。一个领导者——你大脑的“人”的部分——出现，提供更明晰的指导，并能够以协作的方式整合所有的成员。所有转向第三方视角的治疗对象没有例外地都转变了他们的姿态和声音，他们都假设自己是一个领导者的角色，努力说服自己的其他部分：“你已经毁掉了我的生活。我需要你们配合我的目标。我已经厌倦了处于一成不变的、陈旧的、自毁的生存常态。现在，我是负责人。”

佩姬发现：当她面对恐惧展现出成人的责任心的时候，她内心恐惧的声音降低了它们的分贝，这使得她能够实现完成大学学业并在自己所喜爱的领域构建一个极为成功的职业生涯的梦想。她不再困在内心的冲突之中，相反的，不论发生了什么，她都用对于矛盾心理和冲突的体悟来唤醒她的最强自我，转变她的视角，宽容地接受所发生的一切。

尽管第三把椅子技术诞生于二十几年前，但是对于促成一个向能够打破内心冲突拉锯战的明智的、最强的自我第三方视角的关键转变，仍然保持着它的效力。在佩姬的案例中，值得注意的是第三把椅子是心理治疗师的位子，这个位子代表了这样一种角色：这种角色是一个宽容的、富于同情的容器一样的角色，它能够容纳我们的所有，即悲伤、快乐、潜力等人生戏剧的各个方面。

角色改变我们视角的力量

掌控我们的生活并使得它们成为我们想要的那个样子意味着扔掉不必要的包袱，并且以我们所希望成为的那个人的方式重新定义我们自身——整合我们的能力、目标和挑战。正如现在我对我的研讨会成员所说的，你们没有时间去等待到年老时所能有的自信、积极性或者是学识。面对今天的挑战，需要你做出一个领导决策并且开始工作，尽管事实是：一部分的你还有一些自我怀疑、缺乏自信或者害怕批评。当你进入自我领导的角色中去掌控自己生活的时候，你就没有多余的时间对已经于事无补的事情自我怜悯或诅咒。在你诅咒一些问题之前——你需要更短的时间深呼一口气——你需要集中精力在如何解决问题上。这就是有效的时间管理！在体育、工作或者是人际关系方面有出色表现归功于同样的能力：唤醒你成熟的、最强的自我的能力，它能把大脑和灵魂的每一个部分联结在一起去实现你最高的价值和目标。从这个关于自我的更强的感知中，你能够获得左右脑协调的认知能力——这是在大脑的低级功能中无法实现的；获得一个项目经理的全局的视角；获得使自身的所有方面协调和协作的能力；获得在峰值性能区保持平静和关注自身的能力。

文化运用宗教仪式和社会仪式，例如毕业典礼、成人礼、婚礼和就职典礼，促使人们从孩童到成人以及从简单角色到更复杂角色的转变。这些仪式能够帮助初学者摆脱过去，超越他们过去的身份，转而获得一个有着更大权威和责任心的新的身份认同。例如，一个国王或者皇后的加冕礼象征着从一个普通人到必须做出王室决定的人的转变，这同时也伴随着这样一个转变：从一个只需对他的个体幸福负责的小我（little self）的视角到一个需要对一个国家的福祉负责的大我（larger self）的视角的转变。在英国，未来的元首以平民式的装扮，十分恭敬地跪在教皇的面前。新的国王或者皇后被施以涂油礼并且被要求站起来——好像唤醒一个新的生活和新的角色，接受象征着新的身份所赋予的更大的角色和力量的加冕和权杖。

一个角色、头衔或者职务的力量——赋予一个普通人以总统、国王、王后、教皇或者主席的权威——表现为以权威人士或者君主的身份在讲话。在社会上，当我们以领导者的角色的权威讲话时，我们有力量去做出决定和执行决定，这都是超过以前的自我所拥有的能力和自信的。在这种时候，我们必须唤醒作为官员、公务人员或者作为父母和市民所应该拥有的那种力量。

以类似的方式，当你用自我保护的角色取代原来脆弱的角色时，你的身份将会转变。你试着把你的身份转变成一个最强自我的身份——这种身份有一个清晰的领导的视角，它能够把你所有的部分都团结起来，围绕在你现阶段的目标和价值上——而不是认同处于冲突中的你的某一部分。在这个视角和角色下，你能够把曾经遗失的领导力重新带进你的生活。最后，一个成年人形象出现，并把你的各个部分团结起来，将你各个部分的成人力量结合起来。

演员的练习：改变角色 ▷▷▷▷

社会仪式和典礼帮助我们进入有着更高水平表现和更多责

任心的角色。但是，正如这个演员练习所证明的，你也可以选择扮演什么角色，并选择告诉你自己“你是谁”。这个练习能够以假若你是一个演员的方式帮助你改变角色、视角和心情，并且意识到这个角色迅速增强你对自我的感知的力量。当你扮演一个特殊角色的时候，你便接受了这个角色的视角和身份，但这仅仅是一个暂时的身份，这就像你把正装换成便装，或者说尝试了一个新的发型。在这些新的服饰和发型的装扮下，你感觉自己像一个全新的人，一个有着自己某些本质的不同“版本”的我。但是，在这些角色和服饰下的自我仍然是相同的。在你的梦境中，你所扮演的人物全都是你的一部分，并且来自一个相同的本质的自我（essential self）。

你的第一个角色

想象一下你在扮演一个在一年时间里处于消沉和潦倒困境中的人。从你走上舞台的那一刻起——在你能够说出一个字之前，观众都知道你是消沉的、精疲力竭的。他们看着你拖着双腿在舞台上走动，你低垂着双肩，低着头，好像正在承受一个沉重的负担。

你表演了这个角色太多次，以至于你很难从这个角色转变回那个通常的自我，就好像那个戏剧中的消沉的角色已经占领了你的生活。你把这个人物性格刻画得如此生动，以至于其他的演员和你的朋友开始把你视为一个消沉、绝望的人。问题是，戏剧今晚结束，你必须为一个新的角色做准备。

你的第二个角色

明天，你试演一个非常成功、自信的角色——这个人刚刚从人生最大的困境中恢复过来。这个角色和那个消沉的角色完全相反。你进入一个房间，向其他人打招呼，以及留意世上美的事物的方式，都显示出你很有活力，自我感觉不错。即使你超重50磅或者有很严重的障碍都没有什么关系；在这个角色里，你与能够给你魅力和自信的更深层力量相关联。人们很乐意看到你，因为你的快乐很有感染力并且乐于共享。他们爱戴你就像祖父母爱护他们心爱的孙子，或者像粉丝崇拜一个娱乐明星或运动员。

注：每一个角色——悲伤的或快乐的——的活动和历史可以是完全相同的，唯一的区别是：在第二个角色里，你正视生命中每一个损失惨重的事件，并把它作为通向新力量水平的垫脚石。你不会因为损失、负面的事件和失望而把自己当成一个失败者。你把它们仅仅看做是一个事实，而不是把它们看做你出问题的证据。从一个更高的角度看，你已经找到接纳、宽恕自己作为一个“人”的方式，然后可以继续前进。生命中的每一个困难都使你与最强自我之间的联系更加紧密。

- **身体的改变。**为了实现从一个消沉的角色到一个快乐、有活力的角色的转变，你必须注意你的身体和姿态。当你抬起头，肩往后靠，脸上露出笑容的时候，试验一下保持消沉的想法和感觉。在你的笔记本上记录下你的体验。

- **情绪的变化。**当你放下生活中消沉的经历，表现一个成功、自信者的内心对话和想法时，注意你感觉的变化。注意这种变化：从疲惫、没有上进心到拥有巨大的潜能的转变，转向一个有着很多可能性和随时面对挑战的新的生活的观点。写下你的体验。

- **内心对话的变化。**一个消沉的人物角色与一个相反的有着支持性的、振奋人心的内心对话的快乐的人相比，他们对自己所说的东西是大不相同的。发展自我支持性的思想和话语，这符合开心的、高效的、乐观的人的内心对话。如果你是这种性格，在你遭受损失和失败之后，你的父母会怎样对你说？你又怎样对自己说？什么样的内心对话能够帮助你从困境中走出来，继续你的生活？你又怎样谈论你的成就和成功？写下这些想法和你新的内心对话。

迈克尔：进入自我的角色

一份新的、要求很高的工作使得 42 岁的迈克尔重新回到老的排解方式：每天白天抽两三包烟，喝五到十杯咖啡保持清醒，晚上喝双份的苏格兰威士忌排遣压力。迈克尔知道他不能够继续简单地以投入更多的时间和用尼古丁、咖啡因和酒精自我麻醉的方式来应付工作，但是他不知道怎么去改变。迈克尔所知道的只是更加努力地工作，每天更早开始，更晚结束。在迈克尔开始他新生意的三年里，他不再锻炼，已经增加了 60 磅。到 45 岁时，迈克尔已经觉得自己像一个老人，但是他仍然强迫自己做他认为不得不做的事情。

当迈克尔患了心脏病，并且接受了三重搭桥手术之后，这一切都改变了。一夕之间，他觉得那些他不得不做的所有事以及不得不在截止日期前完成的所有任务，没有他也可以完成，或者说是慢慢减少了。由于这次健康危机的影响，以及对于更好的生活方式的期待，迈克尔听从朋友的建议打电话给我请求治疗。当我描述唤醒你最强自我的项目时，迈克尔起初并不相信他有一个平静的、起保护中心作用的自我。但是，当他开始观察和认同他对压力的反应的第一步的时候，迈克尔发现他能够控制和降低压力的程度。

在进行了数周的治疗后，迈克尔渴望进行第二步治疗，在第二步里，从自我的视角、角色和声音，他能够工作得更惬意。因为迈克尔拥有自己的生意，领导着 30 个人工作，所以他决定把最强自我应用到扮演一个开明经理的角色里。

当迈克尔扮演这个角色的时候，他可以摈弃自己旧有的蛮干的风格，这种风格起先被他认定为是不可改变的事实，因为这只不过是他的本性。以这个新的视角，现在他能够向他的身体传递一个新的信息——一个对他的价值、生命和未来成功来说是安全的而不是有习惯性威胁的信息。现在，他习惯于倾听身体，引导精力投入到他所谓的“凝聚的激光焦点（coherent laser focus）——这能够使他在没有不必要的压力的情况下完成工作”。他开明的管理风格使得他在面对错误的时候感到更灵活、更放松。他和他的员工都减少了压力和担忧。结果，他们犯的错更少了，而且当不得不实行补救的时候，他们能够更快地实施。

对于大多数人来说，找到一种改变他们不健康的习惯的动力，需要严格的有纪律的约束过程以及数年的治疗或者是心灵的、宗教的实践。但是对于其他人来说，例如迈克尔，当他们有过面临一个危机或者从死神边缘幸存下来的经历之后，这些在一刹那间就会发生。精神病医师戴维·拉夫特（David Raft）以及杰弗里·安德列森（Jeffrey Andresen）研究了 19 个病人——他们在心脏手术的时候曾经停止呼吸几分钟，但最终恢复了，他们发现这些病人的个性都发生了显著的变化。这组幸存者变得“对他们自己很好奇，并且获得了某些变化，这些变化与由心理分析师诱导的某种变化有惊人的相似性……（但是）这些幸存者……显然在很短的时间内——事实上，在死亡的那一刹那间——掌握了这些方法的本质”。一些病人发现了他们自己的新的一面，并尝试把这些新的方面纳入一个更大的、有着更广泛意义的自我。一个从心脏病外科手术中幸存下来的病人，谈到“找到他自己曾经丢掉的那些部分”。其他病人获得了一个价值增长的感觉，发现了新的能力去平静面对自己过去的失败。

一次遭遇危机或者濒临死亡的经历迫使我们去获取心灵和身体里的能量源泉，这些源泉不是仅仅靠我们的心理意识或自我就能够获得的。幸运的是，你不是必须有过一次濒死的经历才能唤醒生活中的好奇心和意义感，或者去学习怎样获得一种安全和自尊的感觉。你也不是必须面临一个危机才能去寻找自己失去的部分，并且把这些失去的部分整合起来。通过运用唤醒你的最强自我的项目，在没有经历一个危及生命的危机的情况下，你也可以学习如何获得这些成果。

第三章的练习：选择你的角色 ▷▷▷▷

想一下，起初迈克尔不相信任何项目能够帮助他，然而当他在这个过程中迈出了第一步，他非常成功地改善了他的生活。迈克尔选择了一个他可能成为也向往成为的开明经理作为扮演的角色。哪种角色能够帮助你转变到一个更强大的、更完整的自我？

继而，确定你最初的反应和预设模式。当你转向更大的自我的视角和角色时，你可以运用对反应模式的意识提醒自己，对自己说“不”。在转向你更大的自我的过程中，运用下面三个步骤：

1. 注意你自己恐惧、自我怀疑、不堪重负部分的最初反应。把它们仅仅视为更大的你——一个更大的、完整的自我——的一部分。

2. 从你注意的地方，运用同情和理解对你恐惧和自我怀疑的每一部分说“是”，并且使这种陈述生效。这种陈述在第四章中讨论自我的声音时将有所描述。

3. 开始掌控你生活中的某一个方面，例如，成功控制对压力的反应。把你的新角色设定为自我领导，宣布一个令人信服的愿景——这能够把你各个部分团结起来，达成你更高的价值和目标。

在本书的早期研究里，我个人对一百多个人——他们在遭遇一次危机、疾病、事故或者濒临死亡的经历之后，积极改变了他们的生活——进行了采访或者问卷调查。当我分析了这些人所唤醒的个性时，我发现有五种特质对内心的平静和力量做出主要贡献。这五种特质——你最强自我的特质——是安全（safety）、选择（choice）、存在（presence）、关注（focus）和关联（connection）。下一章将提供这些特质的介绍，第五章到第九章会更详细地讨论这些特质如何实践。这些特质建立在个人——他们在从筋疲力尽的挑战中幸存下来的过程中，唤醒了最强自我，并在自己的生活中扮演领导者的角色——所获得的力量和视角的基础上。

第四章　用最强自我的声音大声表达

我对待自己像对待一个我喜欢的小孩一样。关于他，我尊重人自身状况的所有方面。……我从未对他做出严厉的批评。我接受他的一切，他没有必要害怕我。……因而，我们生活在一个快乐的、相对没有不安和恐惧——产生于习惯性的、急迫的、破坏性的判断、批评和惩罚——的状态中。

——西奥多·鲁宾：《同情和自我仇视：绝望的一种改变》

1980年，我有幸能在旧金山举行的第一届心灵—头脑（Mind-Brain）会议上演讲，这个会议有700名科学家、内科医生、研究员和治疗专家参加。不像大多数的演讲者，当谈及压力反应的时候，我没有任何关于大脑的幻灯片或者是所释放的荷尔蒙的数据表。我没有任何“科学实验”能够证明我诊断方法的有效性。因此，我感到一点点胆怯。但是，这并不能阻止我采取大胆的步骤让这些信仰科学的观众参与一个练习。我将证明，在这个放松和想象的练习中，他们是如何迅速地使他们身体的压力反应平静下来。我希望，这些主观的体验能够证明：心灵能够通过安全的信息使身体平静下来，并获得身体的合作。

我要求每一个观众去想象一个有压力的场景，然后注意哪些压力下的症状——肌肉紧绷、肚子痛、浅呼吸、手心出汗、心跳急促——是由它们所产生的。然后，我要求他们注意：当他们有意识地对他们的安全水平做出判断，并且给自己以接受而不是担心的信息时，他们能够多快地降低压力水平。在这场练习进行中，一个人从后面的观众席站了出来。他走到门口，砰的一声关上门，并发出最后的谩骂，大声喊着不同意我的方法。

幸运的是，我几乎没有注意到他的话，因为我正紧张地集中精力于我的工作——完成观众的情绪放松，况且，为了减少对可能引起压力的事情的关注，我已经想象周围环绕着一个保护性的气圈（本章后面会有的一个练习）。听到这个人的冒犯，我想："在正常情况下，这种攻击本来会使我很困扰的。但是，这次我并没有在意他的话。我一定是处在一个改变了的状态中，处在一个保护地带里。这个玩意儿真的起作用了！"

怎样获得最强自我的声音

我没有时间去应付那个人的冒犯，或者说没有时间去在意他的话；我有我的工作要做。所以，我继续我的练习，完成我的介绍，并且发现大多数观众也专注于此。尽管如此，在接下来的周六，我仍坐立不安地等待着写有观众对我演讲评价的邮件。我迅速找出 10 个最苛刻的评价，并花费了周末的两个多小时去思索怎样取悦这些认为我的演讲过于心理学化或者情感化的批评者。

在那两个小时里，我的最强自我处于昏睡中。我的某些部分——害怕批评和需要取悦每一个人的部分——已经掌控了我周末的这段时间。这个部分就像一个孩子向父母伸出手，请求"爱我吧，我需要你们的无条件的认可和接受"。这看上去是恢复了罗伯特·A·约翰逊（Robert A. Johnson）所说的"通过回到意识的早期阶段，形成人类原始的统一"。

我的成人自我更清楚地知道不应该去寻找无条件的爱的天堂。我必须唤醒最强自我，抓住我易受伤害的部分并阻止它陷人过去试图回到婴儿般的伊甸园——在那里，很容易获得爱和肯定——的古老模式之中。直到最强自我被完全唤醒，我才能够同情地看到我内心中的“孩子”，也才能更客观地看待那些评价。最后，我发现，600多人非常喜欢我的演讲。事实上，观众把我排到了12名演讲者的第3名，这12名演讲者中，有一些是优秀的科学家和研究人员。

我只是承认那是一部分的我，而不去分析为什么我的一部分这么易于受到批评的伤害并寻求完全的认同。当我很震惊地发现这种孩子似的反应仍然如此强大，以至于把我推向了最初的恐惧中，并且远离了我现在的成人目标和能力的时候，我很高兴有机会用我的最强自我把他整合起来。由于我的大脑的执行功能处于掌控中，我能够把自己的精力集中在98%的观众上——他们觉得我演讲提到的心理特质恰好是他们所需要的。大多数观众认为想象练习和情感参与填补了心灵—头脑会议的大多数科学介绍的空白。

“是的”模板

通过观察我的寻求认可的部分，并给它们贴上同我的成人力量和目的不一致的标签，我能够选择怎样反应。明白我已经获得最强自我的另一个视角，对于我的依赖和原始的部分，我就能够转向一个保护的角色，并且提供给它一个内在的认同——不能从外在的肯定或者成就来获得。转向自我的声音之后，我能够对“孩子”——我曾经是——给予同情，也理解了自己的低级大脑引导“孩子”寻求肯定的生存本能。运用“是的”模板（这在第五章到第九章都会用到），我想象自己面对一个孩子说话，并说道：

- 是的，那确实伤害了你。
- 是的，当然你想要他们的肯定，就像你生命中早些时候需要妈妈和爸爸的肯定去生活一样。(所有的需要喂奶的婴儿都自然地依赖成人去生活，执著于寻求他们的注意和肯定。)

- 是的，你想要批评者相信：为了赢得他们的认可，你很乐意去改变。(因为生存本能，我们执著于服从权威，执著于自责而不是发现权威的不恰当的地方。)

- 现在，我选择加入观众的大多数中——他们鼓掌，真的喜欢我所做的。我不想把我的周末花费在为不到2%的观众的批评或者拒绝而感到不安。你不必一定要单独处理这件事。(当你唤醒你的最强自我，没有哪一部分的你会为了生活而被迫单独行动或者承担全部的责任。)

- 现在，最强自我可以站起来，并为你说话。我不允许这些批评去评判你的价值。你的价值和我在一起是安全的。(现在安全、认同和保护从内心涌现出来。你的自我整合较少依赖于外部支持。)

- 我很遗憾地发现你从批评者——他们不能给予认同，你也不一定能满足或改变批评者——那里寻求认同。(在现实世界中，我们必须惋惜我们的损失，承认自己抚慰或满足他人能力的有限。)

- 结束了。我现在放弃试图修补过去的问题。尽管你不再是一个具有能让所有人开心的力量的婴儿，我也同样可以认同你。事情改变了并不是你的错。它只不过是成长的一个部分而已。(惋惜和放弃试图解决过去问题的积极方面在于，你找到了当下的自我认同。)

在把过去和现在连接起来之前，这种形式（“是的……是的……，当然……是的……现在我选择做……”）至少需要起初的反应、情感和信念的三重确认。现在，你的最强自我已经唤醒，能够承担起评价威胁以及控制低级大脑（尤其是脑扁桃体和爬行类动物脑）的恐惧反应的责任。唤醒了的自我将会选择如何配合你当前的目标、挑战和能力去行动。

自从那个周六起——那时，我的依赖部分搞得我筋疲力尽，我不再浪费时间于试图取悦观众中的每一个人，而去伤害那些想听我的信息的人。当你学着用最强自我的声音讲话的时候，我保证，你会发现你不再需要等待你的所有部分都感到认可、完美、自信和动力无限，就能够选择与你的成人技能和目的相一致的方式去行动了。

练习：创造一个保护性气圈

我想要你去体验那种最强自我在压力来袭的时候能够提供给你的安全的感觉。请你想象你拥有四英尺的保护性气圈环绕着你。通过创造一个视觉—感觉形象，你可以用那种对右半脑和大脑的边缘—情感中心更有效谈话的声音来交流。当右脑醒着并准备好协助的时候，你的左脑——被认为是语言和自我认同的中心——能够放松警惕和摆脱独自挣扎的状态。

允许气圈的形象和你身体始终存在的防卫机制保护你，你有意识控制着的肌肉和神经系统就能够短暂地休息一下。所产生的镇定的效果将会使你对假定最强自我的角色、话语以及声音的任务有充分准备。

- 想象一个大自然或家庭中的安全的、受保护的场景——在那里你能感觉到与世界融洽相处。当你在这个安全的场所放松的时候，思考一下这个事实：你的心灵和身体知道怎样在每一分钟内制造 500 多万新的健康的红血球；即使你的部分意识处于休眠状态，你的身体和自主神经系统也在一天 24 小时照顾你。

- 想象、感受和感觉周围环绕着一个保护性气圈，在这个保护你的幻想里，你觉得很舒服。就像地球的大气层，在海平面上，它每平方英尺重 14.7 磅。这个大气层一方面是如此致密，以至于烧掉了绝大部分陨石——在陨石到达你之前；另一方面又足够疏松，让我们能够从容地呼吸。

- 使你的保护领域充满金色或白色的光，这种光能在消极的思想或噪声到达你的内心之前将它们全部烧掉。你的大气层减少了生活中的日常干扰，并且给予你足够的时间去减少分心，找到合适的措辞去说明问题，指导你把精力聚焦到最优先的事情上。闭上你的眼睛，去看、去感觉或者去感受环绕着你的保护性气圈。

- 在试图进行一个访谈、打一个难缠的电话、应付愤怒的顾客或者开始一个有挑战性的任务之前，花费1～2分钟去感受围绕在你周围的温暖的光。想象一下你的保护性气圈提供给你一个安全和平静的中心。在压力明显大的环境里，那个强烈的、保护性幻想的意象可以使你犹如处在龙卷风的风眼中仍然镇定自若。这个保护性气圈同样也传递一个信息给你的低级大脑功能——例如储存着以前经验记忆的海马体，你的高级大脑已将目前的环境评估为一个安全的、能够轻松处理的环境。

在这个气圈里，你有足够的时间去观察你的条件反射，并且在它们表现它们的生存本能之前捕捉到它们。你有时间获得最强自我的声音，应用“是的”模板，并且聚焦于你的工作和任务。正如我在700人心灵—头脑会议上所做的介绍，你将发现：当你整合大脑的各个部分——把左脑和右脑联系起来，把意识和潜意识联系起来，把新的人脑和低级大脑联系起来——的时候，你能够创造一个允许你在压力之下恰当表现的保护地带。

把你的旧身份和最强自我联系起来

作家罗伯特·布莱（Robert Bly）——讲述了他不寻常的60岁的生日宴会，这个宴会上有世界各地的朋友和祝贺者——提供给我们一个怎样用自我的声音说话的很好的例子。那个时候，他的书《铁约翰》(*Iron John*) 很畅销，比尔·莫耶斯 (Bill Moyers) 还在美国公共广播电台 (PBS) 上采访过他。他本应处在世界的顶端。但是布莱的妻子注意到他走到一个角落，看起来非常伤心，就说："罗伯特，这里所有的人都是为你的生日来的，你却看起来很伤心。"

在他妻子的帮助下，布莱意识到发生了什么事。对于孩童时期悲伤场景的回忆把他推回到一个10岁小孩的身份，这个小孩说："没有人为我举办一个生日宴会。"布莱如今的成就和成功看上去还没有数十年前那个小孩的熟悉的悲伤感觉更为真实。随着最强自我被唤醒以应对这个回忆的场景，布莱可以与小男孩的自我形象对话。他同那部分仍沉浸在过去的自己说道："过来和我一起享受这个宴会吧，我正在这等你。"

几分钟之后，他的妻子回来了，注意到布莱的心情已经有了改变。她说："罗伯特，你回来了。"确实，他回来了，从过去的悲伤中回来了，回到最强自我这个保护者的角色里，并且开始对曾经的那个"孩子自我"进行引导。通过一步步走出、并不断观察孩童时期的悲伤感觉，布莱能够想象并扮演一个保护者的角色，从而使他转向最强自我的身份和成人的力量。

神经系统科学家和认知—行为治疗师可能会认为：他使用他的更高的执行功能使他对位于中脑扁桃体——一个位于大脑中央的杏仁大小的器官，与海马体一起对情绪性事件做出反应并且保存相关记忆——的痛苦记忆不再敏感。

请注意布莱的有效过程包含了倾听孩童时期的感觉——就像在"是的"模板中的确认部分那样，然后把它们同现在的最强自我联系起来。请注意他没有试图用肯定的陈述——这能使悲伤无效，这种悲伤对于沉浸在遥远过去记忆的那部分他来说，过去是真实的，并且现在仍然是真实的——来消除或减少悲伤情绪。为了阻止过去的担忧和伤害逐渐破坏现在真实生活中的庆典，你必须把它们同现在的最强自我的支持联系起来。如果置之不理，它们将转变成恐惧症，这种恐惧会把你囚禁在一个越来越狭窄的桎梏里。你的最强自我提供了一个更大的容器，它能够容纳生活中的高潮和低谷，以及为了一个更充实、更快乐的生活，扩展你的能力。正如一个咨询者所说的："我从未像去年一样拥有如此多的痛苦或者快乐。我的情感延展开来，所以我能够容纳更多的生活中的悲伤和快乐。"

最强自我的五个特质

已经获得与自我和世界和平相处的感觉的人并不只用他们的本我、意志力或者理智来挣扎。在烦扰、压力或者紧张使他们面临失控的任何时候，他们都已经学会了通过日常联系唤醒最强自我从而引导自己重新回到平静的中心。

唤醒了最强自我和高级大脑功能的人呈现出五个主要的特质：

1. 发乎自身的安全感。

2. 同他们更高价值相一致的行动的选择。

3. 活在当下而不是沉溺于后悔过去或者展望未来。

4. 聚焦在能做的事情上，而不是因为损失或者坏运气而自我责备。

5. 与更深层的资源和更大的自我支持的联结使自己从容应对而不是孤立挣扎。

最强自我怎样用对策代替症状

下面的快速调整表格形象地给出五大主要症状和相对应的对策或特质，你可以通过练习去迅速完成对策对症状的取代。

快速调整

症状	自我的对策和特质
压力和恐惧	安全
内部的冲突和犹豫不决	选择
感觉压抑和混乱	存在
自我批评和自我责备	关注
斗争和孤独	关联

最强自我的声音能够被用来处理生活中经常面对的五类主要症状或问题。这些症状和问题不是你有什么问题的标志。因为我们的大脑包含了几个不同进化水平的部分以及左右两个半球，所以这些症状和问题只不过是所有人都要面对的东西。通过学着承认这些正常的症状以及用最强自我的特质来代替它们，你将转向更高级的大脑，并迅速练习你作为人类与生俱来的选择和适应当下环境的能力。

请注意，这些例子不是要证明你害怕的自我部分在自言自语。它们是你成熟的自我部分传递给自身其他部分的信息那些部分如果没有人脑领导就会陷入无止境的担忧和紧张的怪圈。当你用最强自我的视角和声音表达自我的时候，你正学着走出有限自我的身份，走进由更深厚的内部力量源泉所支持的最强自我的身份。

下面的例子说明自我的声音如何能回应具体的症状和问题。首先，使用我所提供的例子，然后，使它们适用于你，确保你是用最强自我而不是受压抑的或恐惧的自我部分来承担行动的责任，并改变其他的自我部分。

1. **回应压力和恐惧**。最强自我的令人舒服的声音创造了一个安全的气圈。

安全。“是的，你很害怕也很担心。是的，你当然不知道怎么使自己平静下来。是的，你担心将会发生一些吓人的事情。然而现在，我在这；你并不孤单。我不会让这成为我们的世界末日。你的价值同我在一起是安全的。我足够强壮，可以接纳人类的缺点。不要在意发生的事情，我不会让你感觉很糟糕的。你同我在一起是安全的。我永远不会遗弃你。”

2. **回应内部的冲突和犹豫不决**。最强自我通过使用选择的领导功能——第三种视角，既不是“不想要”，也不是“不得不”——来打破内心的冲突。这种进化的选择能力，并不仅仅是回应；这只存在于唤醒了的“人”脑里。

选择。“是的，如果你是全能的，并且一切都在你掌控之中的话，这不是你想要去做的。是的，当你得到你不想要的东西时，你当然感到不安。是的，你不想去做使你感觉不舒服的事情。这是正常的。现在，我选择面对你的痛苦、恐惧和缺乏自信，以便避免更大的痛苦和达成更高的目标。我能选择接受受限的现实、人类控制，也能选择接受我选择的后果。我能选择冒险。”

3. **回应压抑和混乱的感觉**。最强自我把驰骋于时间旅行的心灵带回到现在——我们可以充满效率的唯一时空点。

存在。“是的，你想做所有的事，你认为你应该可以做所有的事情。是的，你不想接受人类的有限性。是的，对你来说，放弃好的东西是很困难的。现在，我处在一个有限时间、有限能量和有限资源的真实世界里。我承认我不能做所有的事情，我承认作为一个人，我必须活在当下。我选择放弃想象中的未来和过去，因而我能享受现在，因而现在也能够是充满效率的。”

4. **回应自我批评和自我责备**。最强自我指引我们聚焦在完成任务和解决问题上，远离自我批评和自我责备。

关注。“是的，你对发生的事情感到很伤心。是的，你当然不知道怎样做这个工作，你自责。你在想‘我怎么了?’。幸运的是，你不必马上知道所有的事，也不必单独去处理这个任务。

现在，我在这儿，我准备把焦点放在我们现在所知道的和能做的事上。勇敢表现自己，你会看到惊喜。”

5. **回应斗争和孤独**。最强自我抓住分散、斗争的自我，把他们联系起来，并且让他们知道他们并不孤独。

关联。“是的，为了生存，你已经习惯于斗争。是的，自己这样努力地工作当然很孤独和疲惫。是的，你感觉缺乏安全和自信。现在，你不会再孤独。我比任何一个人都更清楚，你尝试得是多么辛苦，以及你自己成就了多少——看起来总是在孤军奋战。是的，我知道让你相信在你自己的斗争之外还有外力支持你是很困难的。不久，你就会发现，当你放弃如此艰辛的尝试，会有一个支持的安全网保护你。我很抱歉让你——我的自我和我的个性——为我的生活承担了如此多的责任。现在，我在这儿，我将作为一个统一的团队领导者出现，我决定使用更多脑细胞的力量。当你把你的支持系统联系到更大的、最强的自我时，你会发现原来生活可以如此从容和有趣。”

在唤醒你最强自我的项目里的第一步和第二步，你认同了你通常的反应模式；在第三步，你可以把你最强自我的五种特质和角色应用到解决和代替这些模式的过程中来。下表中所列举的五种特质和角色将会从最强自我的视角赋予你掌控生活的能力。

五种特质和角色怎样工作

问题	特质	自我的角色	提升效果
压力	安全	保护者	平静、平和
内心冲突	选择	协商者	动力、决断
感觉压抑	存在	领导者	效率、生产力
自我批评	关注	老师	表现
斗争	关联	指导者	放松、创造力

在很大程度上，这五个主要的问题是由只跟低级大脑反射以及自我的受限的大脑——这区别于人脑新发展的统一功能——打

成一片所引起的。生活中有更多的困难，但是这五个问题——压力、内心冲突、感觉压抑、自我批评和斗争——是过去25年数以千计的病人和顾客向我提出的主要问题的概要。

放心地把这些问题领域扩展到生活中的具体问题。例如，压力的问题领域可以包括忧虑、担心和恐惧；内心冲突的问题领域可以包括优柔寡断、犹豫不决和某种形式的悲伤；感觉压抑的问题领域可以包括工作狂、缺乏自信和完美主义；自我批评的问题领域可以包括绝望、自我仇视和自我责备；斗争的问题领域包括精力耗尽、作为暂时逃避的上瘾的习惯以及孤独。用这个表格去辨明你的问题领域，并把它们同可以取代你的消极反应模式的自我的特质和角色联系起来。

克里斯蒂安娜：发现你自己的声音

作为一位有两个孩子的母亲，克里斯蒂安娜在大多数的公共场合是很害羞和谦虚的。但是，一旦她的孩子看起来处于危险中，她总是会变成一头凶猛、果断的母狮子。克里斯蒂安娜发现，假想自己拥有一只为保护面临危险幼兽而甘愿冒险的母狮子的声音和姿态，可以帮助她进入充满力量的自我角色。

通过利用从害羞状态极速转变到一个保护性的母性角色的经历，克里斯蒂安娜在她自己的其他部分依旧感到恐惧和有依赖性的时候，开始选择用一个强壮的、保护性的自我角色行动。现在，无论何时当她意识到恐惧或害羞的症状时，她都可以随时转换到母狮子保护它的幼兽的感觉。

第四章的练习：用你的新的同情的声音表达

决定一个适合你和你生活处境的有权力的角色和声音，并且把你和你的最强自我联系起来。例如，你可以使用迈克尔开明经理的角色——对企业主来说是适合的角色和声音——或者克里斯蒂安娜作为保护她幼兽的母狮子的角色。注意你最强自我的声音如何帮助你表达隐藏在五个主要症状和问题领域下的需求。

1. 把以前最强自我的声音的例子大声读出来，并考虑把它们记下来。你可能发现听到你自己提供认可、舒适、保护和指导，满足了你一个长久以来的需要，这种需要是先前的模式和尝试方法所不能充分表达的。

2. 注意聆听用自己的声音说出支持性的话语，是怎样提供安全、认可和联系你已经丢失了多年甚至数十年的自我部分的感觉。因为你很少从自己那里听到肯定的和支持的陈述，这个令人开心的惊喜可能引发已经遗失的平静和安慰。

3. 当你经历紧张、感觉压抑或者发现自己处于斗争中时，用“是的”模板的缩短版本来重复自我的话。这种自我安慰的练习能够使来自你较低级的自我部分的声音安静下来，扩展你的自我的感觉，把滞陷在过去的精力带回到现在的生活。

4. 当你认同的部分自我正单独同恐惧、犹豫不决抑或过于沉重的任务或情感斗争时，问你自己如下问题：

- 单单需要被聆听的这个部分的自我是谁？你多大了？你是有 5 亿多年历史的生存机制还是一个孩童时代的记忆？
- 我必须放开多少才能把持住你悲伤、羞愧、愤怒或者恐惧的感觉？
- 你想从我这里得到什么？安全，认同，还是领导？
- 扮演什么角色能帮助我转向更富同情心的最强自我的声音？一个保护者的角色？一个领导者的角色？

最强自我

The Third Step

第3步

唤醒你最强自我的五个特质

第五章　唤醒保护者角色的自我

我们要小心不能把理智当作我们的神；当然，理智有强大的力量，却没有个性。理智不能领导，只能服务。

——艾伯特·爱因斯坦

当史蒂文首次来到我的办公室，他主要抱怨失眠症。但是事实上，他的失眠症是由长时间的创伤后应激障碍（PTSD）以及经常担心和警觉所引起的。在过去的 25 年，只有其他的两个顾客同史蒂文——一位 52 岁的成功的咨询师和企业家——一样表现出相同程度的恐惧、对周围环境的不信任以及对控制的需求。

史蒂文出生在 1940 年伦敦闪击战之前。他出生后的最初的几个月充满了警报器的声音以及父母和护士担忧的面孔。之后，第一年生活的伤痕使他不能相信他能够安全地入睡，他也不相信大人能够保护他远离伤害。他习惯于睁着一只眼睛睡觉，就好像在等待他所呆过的避难所和医院里的警报器和炸弹的声音以及其他孩子的哭喊声。

对于有着与史蒂文相同经历的人来说，要从早期的创伤和条件反射中恢复过来，最强自我的特质，尤其是安全、存在和关联，是从早期创伤和条件反射中复原的基本必需品；并通过尝试尽可能多地应对和处理这些创伤。史蒂文花了一年多的时间进行每周的治疗，才使得他的症状有了明显的缓解。我们运用这本书中所概述的步骤，不同的是，为了同他的潜意识的认知能力——当他的意识处于睡眠状态的时候仍为他工作——建立信任关系，我们实施这些步骤更慢，花费了更多的时间。他的孩子的自我部分封存于过去的记忆之中，它需要知道一个强壮、成人的自我同他在一起，并且可以提供安全、存在感和关联。

史蒂文的恢复开始于表面上很简单的步骤：注意到压力和警觉的早期迹象。紧接着，他对威胁的水平做出了一个判断，然后有意识地寻求椅子和地板的帮助。他所能采取的这些步骤证明了他的心灵和身体能够安全地自由呼吸、安全地解除肌肉紧绷和意识的过度警觉。一天里重复许多次，这个过程的效果向史蒂文显示出：他开始能够相信，世界——由为他准备的椅子和地板所代表——能够提供给他一个超越他的理智和有意识地控制的肌肉之上的安全的系统。

应激反应是你忠实的仆人 ▷▷▷▷

我们一般用完全否定的词汇来刻画压力，但是事实上，我们身体对压力的反应——我们的应激反应，是一种健康的生存反应。应激反应通过刺激很多的荷尔蒙流——最初是从位于肾上部的肾上腺上产生出来的——使我们准备好应付对我们的健康产生危险和威胁的东西。这种生存的灵敏机制位于我们最原始的大脑里：位于哺乳类动物大脑中心的扁桃腺传达信息使我们的身体处于警觉中，并且引发我们的爬行类动物大脑的应对或逃跑的反应。

应激反应通常的生理症状——手心出汗、紧张地发抖、双膝颤抖、心怦怦跳——是表明应激反应正在起作用的一种信号，以便我们准备好战斗或逃跑。在有伤害或者传染病威胁的情况下，这种保护性的生存反应能够加速血液的凝血反应和身体的免疫系统。消化力降低或者停止，血液流出胃部和血管末端，转而流向心脏和大型肌肉，以便于我们准备好战斗或逃跑。

恐惧的情感和身体的应激反应都是正常的、健康的反应，这些反应提醒我们警觉危险和威胁。对动物来说，这些危险的信号本能地转化成逃跑或准备战斗的保护行动。对人来说，相似的携带化学物质的信息使我们准备好反应，但是一旦我们最新极大进化了的大脑重新反馈传送一个信息——危险已经过去了，我们安全了（不论是生理上的，还是心理上的）——到我们的较低级大脑，这种反应能够在几秒钟之内平静下来。不同于动物，我们有一个能够解释和管制我们较低级大脑反应的大脑。然而，我们经常把正常的反应理解成我们有什么问题的证据。相反的，我们能简单地观察我们的条件反射，做出决定，选择怎样行动以最适合目前的情形并且符合我们整体的力量和价值。正是这些新的进化了的执行大脑的功能——观察反应、管制反应、选择怎样去行动，使我们同其他的哺乳类动物和灵长类动物区别开来。

当我们现代的、进化了的大脑没有被唤醒，来扮演决定适宜的威胁水平和行动这样一个角色的时候，健康的应激反应才会成为问题。没有指导，我们最初的反应接管一切，并且导致长期性的慢性压力，比如斗志缺乏和职业厌倦。当我们处在危险丛生的环境中，或者当我们继续相信我们的价值和安全受到威胁的时候，这种长期性压力或悲伤的毁灭性效果——例如，高血压和肾上腺疲劳——就显现出来。

但是，我们能尝试赋予我们的最强自我和充分发展了的大脑部分以领导者的角色，去判断什么时候我们的身体健康和价值感是安全的。我们的应激反应将听从我们的领导，并做出相应的调整。

我们新的现代大脑的工作之一就是更新几百万年前由原始大脑所设置的默认反应。例如，我们较低级大脑的生存传感器能够感应蛇，却不能感应电流或交通。这就是为什么你需要唤醒你新的大脑，以便于新的大脑判断从你祖先的大脑而来的压力信息是否准确，是否适合你今天的生活。要释放出你全部的潜能，你需要知道以下三件事情：

1. 你有一个更高水平的、最强的自我和一个新的大脑。

2. 怎样去唤醒你的最强自我。

3. 怎样用你的最强自我管理你的生活。

毕竟，你只有从你人脑的视角才能看到今天世界的真正威胁、挑战和机遇，而这些是数百万年前形成的大脑所不能理解的。

当然，我们的策略是学会如何对你的身体和生活采用一个保护的角色，以便于抚慰和平静你的自我以及你的爬行类动物的大脑部分，而不是通过使用自我威胁和自我批评，唤起应激反应。然后，产生安全、同情和领导的信息——这些能减少你的压力荷尔蒙——的过程在大多数情况下会变得相对简单和快速。

怎样管理你的应激反应：让你掌握如何去感受

为了让你的最强自我掌握怎样应对压力反应，很有必要了解应激反应是由三种主要的原因所引起的：

1. 使你准备好应对人身危险。

2. 把对你的自我价值产生影响的心理威胁标记下来。

3. 响应你心里来自过去的威胁和对未来的工作或危险的预期的意象。

准备好应对人身危险：传达一个安全的信息

具有讽刺意味的是，管理这些反应的最简单的方法是我们身体对自己生活中的真正威胁——例如地震、枪击、暴风雨或者是车祸——的反应。例如，如果现在我们很健康，地震或暴风雨将要来临，我们全都将经历应激反应的症状。爬行类动物大脑部分的面对或逃跑的反应将会给肾上腺发出信号，开始分泌皮质类固醇到你的肌肉上，以使我们准备好应对危险。但是，如果地震或暴风雨突然慢下来，你的前额叶皮层——行星上最新的大脑部分——将会发出信息："所有的危险都过去了；我们安全了。"

通过呼气、想或说，"这只是一个里氏3.0级的地震；我们是安全的"（或者"枪声只是卡车逆火的声音"或"这条蛇其实是根棍子"），我们传达出一个安全的信息。显然，我们最老的大脑——爬行类动物的大脑部分——和扁桃腺合作，能够在30秒内切断压力荷尔蒙。这是一个完美的心—脑—身体交流。这样一种交流是你自己可以为自己做的最有力的事情之一，也是最强自我使自我转向一个合适角色的最快的方式。

一个叫芭芭拉的顾客最富于表现力地描述了这种转变的力量，她说道："我的恐惧不再是我的全部……我的最强自我成为我恐惧部分的护卫者。最强自我是如此有益，以至于我成功地看到了（治疗前后的）不同并且安抚了我很容易陷入不安和压力的那部分自我。"

当你用最强自我管理你的生活的时候，你有力量获得早期大脑战斗或逃跑反应的合作。从你更高的视角——活动在你前额的前额叶皮层，你的执行大脑会对危险的水平、所采取的适宜的行动和什么时候安全放松做出一个决定。幸运的是，你不必学习怎样给出这个安全的信号；你简单地发出和给出一个放松的信号，这个信号本能地——从自主神经系统的副交感神经分支——传达给身体放松反应的信号，接管和放松紧绷的肌肉并减少压力荷尔蒙。

创伤后应激障碍——包括在海马体和扁桃腺里所保留的受

伤的、情绪激动的记忆——需要严格的治疗，例如通过二指疗法（EMDR）消除或打破创伤和严重压力的根深蒂固的记忆。在应用本书所列举的方法之前，请与你的医生或者治疗师商谈一下。

应付心理威胁：传达一个价值和关联的信息

威胁到人生命的地震和暴风雨不是每天甚至每年都发生，但是威胁我们价值和自我的事能够一天发生好几次。这些对自我价值的内在威胁，是我们绝大多数压力的主要原因。

当我们把自己的身份限定在仅仅是苦干的自我，没有任何帮助或支持的时候，我们使自己很容易遭遇到批评、拒绝的威胁以及价值的遗失。我们感觉孤独，认为我们必须用最初的应对方法——例如完美主义、成瘾性的习惯和拖沓——来斗争，去保护我们自己。然后，要么通过投入额外的时间使事情做得更加完美（完美主义和工作狂），要么通过拒绝尝试（拖沓和优柔寡断）试图避免遭受拒绝和批评的伤害。担忧、自我批评以及不幸和惩罚的自我威胁通常是为了试图确认我们会遵守规则，并希望避免遭到别人的批评、评判和拒绝，他们可能通过使我们失去所渴望得到的爱和认同来惩罚我们。

但是在偶尔有效地阻止危险行为的同时，威胁能够引发极大的压力和抑郁，因为它们激起了哺乳类动物大脑对被遗弃的担忧，继而引发了为生存而去寻求认同、温暖和抚养的反应。遭遇拒绝的成年人和被遗弃的婴儿，为了重新获得认同和爱，似乎都经历了相似的身体和情感伤害、哭喊、自我责备和愿意服从的阶段。这种对遗弃威胁的显著反应很可能是身体求生存的最初尝试——单靠理性的左半脑难以减轻。我们在自我的同一、显意识和情感大脑之外，需要同某种东西有一个情感的联系，去克服诸如最基本的对分离的恐惧。

为了减轻这种形式的压力，我们能学着从担心批评的自我转向一个可以用一种安全、同情、接纳和关联的声音取代批评声音的自我。就像罗伯特·布莱所说的，我们可以学着从一个受伤的小孩向一个有孩子需要保护和引导的人转变。这就像一位有爱心的父母或者护卫天使出现并使用这样一个信息来安慰受到惊吓的小孩那样："你不再孤单。我完全接纳你。我永远不会遗弃你。我一直陪伴着你。这里永远有你的一个家。"

响应过去或者未来的意象：传达一个活在当下的信息

对于过去的后悔和内疚通常表达在类似于这样的话语里："你本来应该"或者"你不应该"。对于未来潜在危险的担忧通过"如果……那么……"来表达。每一个这样的虚拟实境意象都会唤起你身体中此刻不能在真实世界里使用的能量。

唤醒应激反应去应对现在不会发生的危险，这类似于为 20 年前的火灾拉火警，或者害怕明年可能发生的火灾。要求消防署滥用时间和精力，让消防员对这样一个警报做出反应是很不公平的，这与要求你的身体对虚幻的危险和威胁不断地做出反应一样不公平。就像我在研讨会上所说的，焦虑是现在不能使用的能量。当你聚焦在此刻正被抑制的能量的时候，你就可以释放它们，同时感受到兴奋和随之而来的高效率。

练习：创造一个心理安全网去抵制不必要的压力

这个练习将会给你一种为自己提供一个心理安全网的身体感觉，这个安全网将使你从恐惧、压力、完美主义和担忧转向最佳表现所必需的安全感。阅读这个练习，想象——睁着眼睛或闭着眼睛——在每一个场景里你感觉到了什么。然后，注意你的心理和身体是如何反应的。

场景 1：想象你的工作是走在一块 1 英尺宽、30 英尺长和 4

寸厚的木板上，你有足够的能力完成这个任务。你能毫不恐惧或者犹豫地走出第一步吗？让我们假设你回答“是的”。

场景 2：想象你的工作是一样的，你的能力也是一样的，只是现在你的木板是离地面 100 英尺、悬挂在两个建筑物之间的。现在你能完成这个任务吗？如果不能，是什么阻碍了你？你感受到多少压力？你身体的哪个部位感受到紧张（即对于危险和压力信号的反应）？

大多数人回答他们害怕掉下来，或者害怕犯一个能使他们受到严重伤害和可能导致死亡的错误。这是一个可以理解的、正常的反应。

场景 3：当你困在木板上，被恐惧所吓瘫，正犹豫要不要开始或完成这个任务的时候，你的老板、朋友和家人——他们知道你能做到——责怪你的拖沓，并建议你只是去做就对了。但是，你知道事情没有这么简单。在这个危机关头，你觉得你不得不把它做得完美，这没有犯错误的空间，否则你就将死去或者感觉要死了。

突然，一切事情都变了。你能感觉到身后的热浪，能够听见火噼啪作响的声音。支持你板子末端的建筑物着火了！现在，你怎样克服你的犹豫和胆怯？现在，把这个工作做得完美又有多重要？你仍然还在担心掉下来吗？还是告诉自己“我在压力和最后期限下做到最好”？你怎样使自己免于害怕失败，走过这块木板？

我的大多数顾客和大多数的研讨会参与者回答，尊严和完美主义不再是他们所关心的。他们说，如果有必要远离那些火焰，他们将会爬行、弓着身子疾走，甚至尖叫。无论你怎样成功地走过这块木板以完成任务，注意你怎样从一个被恐惧吓呆的人转变成一个愿意为了生存而积极做任何事的人。

场景 4：在最后的场景中，想象你的任务和能力仍然是一样的，这里没有火或者最后期限，但是，位于木板下面 4 英尺，有一个很结实的安全网。现在，你能走过这个木板吗？如果是这样，你改变了什么？注意，你仍然会犯错误，会掉下来，感觉局促或者做不到完美。

注意木板下面有一个安全网时你的话语和感觉，并把它们写下来。你可能说，“我不会死”，“如果我犯了错，这也不会是世界末日”，或者“我仍然很害怕，但是知道有一个安全网存在，能使我专心想做这个工作，而不是担心掉下来”。

这看起来很难令人相信，但是给自己一个安全网将会减少你生活中的大多数的压力。你选择每天说它们，制造这种安全的信息，给予自己心理和情感的安全网。把你个人关于安全、价值和活在当下的信息写下来，并且随时带在身边。

让你的最强自我掌握你的应激反应

一旦你意识到忧虑和压力，你就立即从自我的声音转向最强自我的视角和角色，并给予自己安全、价值和活在当下的信息。

通过练习从压力的信息转向安全的信息，你将发现你能够在一个有压力的想法或时段后，用不到一分钟来放松你的身体、聚焦你的心灵。你将唤醒你的最强自我去接管你较低级大脑的应激反应，最强自我将响应你的声音、同你的信息合作。

怎样成功管理你的应激反应

当对……过度反应	做这个
人身危险	传送一个安全和认可的信息
心理威胁	传送一个价值和关联的信息
过去或未来的意象	传送一个活在当下和聚焦的信息

自我的声音。“是的，我看到你的恐惧，这些恐惧是有根据的和正常的。你不再需要被迫单独应付它们。你的最强自我在这，知道怎样在这个世界以一个更加稳健、舒适和快乐的方式

生活。不要顾虑发生了什么事或者其他人说什么，我会一直站在你这边。不管发生了什么，我们可以一起渡过难关。我永远不会遗弃你。你同我在一起是安全的。”

结果。恐惧和慌乱被纳入一个有支持和保护的更大的、更安全的家。自我威胁被最小化或者消除。应激反应听从自我的领导和决定，达到合适的反应水平。作为一个保护自我的角色，你学着从评判中保护你的价值感，开始感觉更加依赖自我和更加安全，从而不容易遭遇外部压力或内部威胁的伤害。

第五章的练习：评估压力的水平

一周时间内，在 0～10 的范围内评估你的压力水平。0 代表你感觉最安全的那些时间，10 代表你感觉最有压力的那些时间。

注意：你不能每天都有一个“10”。当你评估危险水平的时候，决定它是更接近 10（一个极度危险的信息，需要更高水平的肾上腺素），还是更接近 3（一个轻度破坏的信息）。如果你的“地震”是在一个比较小的数字等级里，轻轻呼气、想或说：“只是 3，我们是安全的。这不是我们的世界末日。你的价值同我在一起是安全的”，或者“我不会让它毁了我们的周末或者晚上”。

在 0～10 的范围内标注压力的水平

最安全										最有压力
0	1	2	3	4	5	6	7	8	9	10

通过一周时间内每天评估你的压力水平，你将发现不是每一个压力事件都是世界末日的灾难。你将会很惊奇地发现：你的身体和较低级大脑听从安全的信息，迅速地减少心跳频率和压力荷尔蒙，使得你在不到一分钟的时间内变得更有效率和活力。

第六章　唤醒协商者角色的自我

有一种对伊甸园——跨越不同文化并以创造神话的方式表达自身——的遗失感觉的普遍探寻。直到成熟的人类发现他们就是自我的创造者时，对于外在伊甸园的追寻才让步于自我安慰和福佑的内在感觉。

——约瑟夫·坎贝尔：《神话的力量》

几年前，我感觉不安，因为我需要有一个牙根管。几天来，我不停地告诉自己："你不得不装一个牙根管。"这个信息告诉我的心灵和身体："你没有选择。这将会很痛。我将强迫你做一些你不想做的事。"

从这个独裁主义者的声音而来的压力引起我的另一部分的自然反应："我不想被迫装一个牙根管。"这个反抗的部分不想接受牙齿蛀虫的现实和后果，也不想被一个恶霸所欺负。这两部分的内心冲突消耗了我的精力，使我感觉像一个悲伤的受害者，承担不起控制自己能吃糖果数量和定期用牙线清一次牙的责任。陷在这两个声音的内心冲突和它们对现实的狭隘观点中，我犹豫着，同时我的情况更糟了，疼痛也增加了。

最后，我带着犹豫约了口腔外科医生见面。进行了 X 光检查之后，医生告诉我："我有一个坏消息。我想我们不能做牙根管手术了。你可能不得不失去这颗牙齿。但是，让我再拍一张 X 光片确认一下。"十分钟之后，他拿着另外一张 X 光片回来了，说："好消息，我们可以做牙根管手术！"这时，我用全部的热情喊出来："太好了！让我们做牙根管手术。"

我简直不能相信我听到自己说了什么。不久之前，对于不得不面对的牙齿外科手术，我还感觉很犹豫和伤心。在几分钟内，我的整个情绪已经转回到我真正的自我或者最强自我的情绪。很容易便可以看出，我的真正选择使我摆脱了"你不得不"和"我不想"两种声音的冲突。那时，我发现我的选择帮助我迅速地从一个消极、悲伤的情绪中跳出来。同时，我发现告诉我自己"你不得不"使我感觉自己像是一个牺牲品；如果事实上我仍然得进行牙根管手术、支付税单或者违规停车罚单的话，告诉自己"你不得不"并没有任何意义。或许在不给予自己可能引起内心冲突的信息的情况下，我也可以一样面对自己不喜欢的任务，并尽可能快地完成任务。

内心冲突看起来是我们进化历程和发展史——它给予我们几个有着彼此冲突功能的大脑部分，以及一个分成左右两个不同半球的大脑——的正常结果。通过学着按照你大脑最新的部分——唯一有能力进行选择的部分——行动，你可以按照最强自我的观点轻松克服内心的冲突并把你所有的部分联结、团结在一起。

选择是人脑独一无二的能力 ▷▷▷▷

我们不同水平的大脑的冲突，使得我们在不同的需要、选择和警示之间的选择变得很困难，有时甚至是不可能完成的。为了打破这种冲突的僵局，并克服由内心冲突所引起的习惯性犹豫、不决断和拖延，我们需要唤醒我们大脑的领导—协商的部分。

西格蒙德·弗洛伊德（Sigmund Freud）把内心的冲突刻画为超我和本我的战斗。以"你应该"和"你不得不"的独裁主义、超我的声音说话的部分，是在六岁的时候形成的；这个部分被认为是为了避免惩罚、羞愧和遗弃而遵守规则。这个最有可能起源于社会化进程的功能是每一个哺乳动物大脑的一部分。团体、人群或部落施加一个由禁忌和遗传所支持的等级制度，这使得一种保护性的让步—屈服反应成为可能。这种由古老的生物化学机制所引发的屈服反应，阻止了攻击性行为，允许社会获得等级结构，允许父母管束他们的孩子，以及当获胜几率很小的时候，阻止我们相互争斗。

到六岁的时候，为了帮助他们避免父母和社会的不认同，大多数孩子学习到了自我责备或者内心批评的声音。他们最初主要用超我的声音来引导他们的本我——一个活泼的两岁孩子的声音，总是宣称需要得到无条件的爱，并用“但是我不想要”和“我想要立刻得到我想要的东西”的方式来反应。我们的本我部分并不会在品尝美食的时候考虑食物的卡路里含量，也不会在我们试图保持预算的时候减少购物的冲动。

作为婴儿：我们生活在无条件的爱中

当我们是婴儿的时候，我们需要的一切东西都会为我们精心准备好。我们模仿一种声音或者迈出一步的简单尝试都会让妈妈微笑，让爸爸鼓掌。我们可能是毫无用处和依赖他人的，但是我们在激发来自周围人的爱和快乐方面是非常有力量的。这就好像我们生活在无条件被爱的花园中。

当我们到了学走路的阶段，我们很好奇在这个幸福的、悠闲的时光中发生了什么变故。我们是怎样失去了接受无条件的爱的力量？到了那个时候，我们开始走进靠自己双脚走路的世界，习以为常的无条件的认可已经成了过眼云烟，天堂由此遗失。当亲切的父母变成警告我们世界中存在危险的权威人物时，当忙碌的妈妈不再可能注视和支持我们每一个脚步的时候，爱或者至少认可变成是有条件的了。我们不可能明白为什么我们失去了理想中父母的无条件的接纳，于是，我们责备自己。我们问："为什么事情变了？我们做错了什么？我要求太多了吗？多到父母无力承受了吗？当一个弟弟和妹妹到来时，我太过嫉妒了吗？"归还无条件被认可的要求，困扰着我们进入成年生活，依靠哺乳动物大脑部分保持着对被遗弃的恐惧，保持着我们一定做了什么错事的信念，或者更糟的，保持着我们犯了一些根本性错误的信念。

无论这是怎样或什么时候发生的，我们都经历了失去无条件被接纳的过程，这种无条件的接纳在一切事情都很容易的生命的最初几个月的时候，是很容易就可以获得的。我们将沉迷于对有着完美父母的理想过去的找寻，直到我们的成熟自我出现并担当起领导者的角色，指引我们为实现现实生活中的目标而努力，并提供一种来自内心的认可和平和的感觉。

学走路的世界：一种无止境冒险的生活？

期待着找到藏在每棵树后面的小狗或外婆，摇摇晃晃的学步者闯进属于他们的世界。他们精力充沛地爱着他们的世界，对长辈的担忧毫不感兴趣：交通问题、恶狗、水痘或者股票市场。他们不想任何人对他们世界的新鲜经历泼冷水。

学步者的大脑还在成长，大脑半球仍然是可塑的，然而大脑半球还没有分化成有着语言、细节和线性思维功能的左脑，以及相对应的有着非言语表现、整体形象空间关系功能的右脑。然而，学步者的左脑的自我感觉还没有同通过右脑的潜意识能力形成的整体相分离。孩子很容易跨越大脑半球的界限，轻松完成诸如用两种或更多种语言说话的任务，而几年之后，这些任务将花费他相当多的努力和时间。他们仍在整合的大脑半球给予他们有关世界的很神奇的感觉，因而生活是无止境的惊喜和新的能力的冒险。

问任何一个 3～4 岁的小孩，他们对画一幅五彩斑斓的画或用玩具和积木自编自导一部戏剧有什么感觉，孩子会告诉你："我不知道。"这个年龄的小孩通常耸耸肩，告诉你："我不知道。它就是这样自然而然地来了。这很简单。"这就好像说："不是所有的工作都很简单、有趣和富于创造性吗？"当你的自我仍然和内心的天才能力有联系，而不要求单独作战并懂得一切事情的时候，这是多么简单。难道你没有一种使事情简单而有趣的内在的天才能力吗？

当父母和社会开始用数不清的"不"施加限制和警告的时候，两岁小孩毫无畏惧地冲向他的世界的冒险结束了。孩子以相似的方式反应。在这可怕的两岁的年龄段中，孩子们不断重复的"不"表达了对曾经是简单、爱和接纳的事物的渴望。孩子们"不"的信息意味着：

- 不，我不必被迫去做讨你喜欢的事情。我惹人爱只是因为这就是我。
- 不，我不想长大，去遵守天堂之外的世界的规则。我的现实比你的有趣得多。
- 不，你不是我的老板。

六岁的世界：内心冲突和规则的开始

当孩子到了六岁的时候，他们开始明白，因为不了解的过失，已经导致他们力量的大量损耗，对命令和社会规则的服从是他们获得接纳和支持的必需选择。早在几年前，他们已经经历了失去无条件被接纳和被遗弃的威胁，他们转向把学习规则视作抓住他们曾有的一点"天堂"和"力量"的神奇的、迷信的方式。由此，内心的冲突开始了：通过试图控制拥有无条件被爱的记忆的活泼而固执的两岁的自我部分，缺少冒险精神又警觉的六岁的自我部分开始奋争以避免遭到批评、羞辱和遗弃。

对我们中的六岁孩子来说，再度从天堂到人间，失去同他人相联系的爱和幸福是毁灭性的打击。因而，我们被迫接受被认可是有条件的事实：如果我们想避免惩罚和遗弃，我们需要了解规则和命令。

对阿维来说，他先前的学校是一个舒适的地方，在这个学校，他被认为是一个模范小孩。他有很多朋友，知道怎么跟他们友好相处和分享玩具。在他的新学校，他开始同其他的小朋友打架和争吵，结果是把不良后果和报告带回家给父母。他对父母表达了不安和失望："但是，妈妈，在别的学校，我们有一套衡量事情对错和依靠后果评判的裁决标准。但是这个学校没有。我不知道这个新学校的规则。妈妈，我不知道规则。"

阿维的请求是一个六岁小孩从天堂转向一个有着规则、差异、惩罚和孤立威胁的现实世界的典型代表。

选择的到来：第三种视角

当我们的精力在六岁自我和两岁自我的声音之间来回争斗的时候，在今天的真实世界里必须面对成人事务、账单和责任的我们，失去了动力和激励。如果我们站在六岁自我的视角，我们感觉到了对父母、法律和情理的责任。如果我们过度认同我们的这一部分自我，我们会变得喜欢与别人争论、对别人专断以及喜欢威胁别人，我们想要得到无条件爱的两岁的自我部分被告知："但是，你不得不服从。"

当迷陷于我们两岁的自我部分的时候，我们想要得到自己想要的东西，却不强迫自己做自己不想做的事情。如果我们太接近我们两岁的自我，我们会反抗权威人物，倾向于展示一种不可控的脾气，并很容易被我们不能立即知道怎么做的任务所压倒。朝着现在的目标前进，我们必须迅速意识到我们的精力被牵扯进内心的冲突中，并充分利用这个过程。为了释放我们真正的潜在力量，我们必须学着依靠能让我们说“我选择”的充分进化了的大脑部分，去运用最强自我的能力，转向一个成人领导者的第三种视角，来代替“我不得不”和“我不想要”两种声音的内心冲突。

有人说仅仅在5 000～10 000年前，一个充分进化了的智人才为了想或说出“我选择”，抛弃了最初的恐惧和不断要求说“你不得不”的内心声音。如果这个时刻被记录在电影中，它必将伴随着雷声和整个交响乐团的合奏——标志着一个惊天动地的事件刚刚发生了——这件大事甚至比200万年前的智人为了生存而克服他的哺乳类动物大脑部分对火和伤害的恐惧，还要更有意义。

无论发生在两万年前，在法国的拉斯科洞窟里，一个祖先选择在墙上画一头野牛、一头羚羊或者自己的手时，还是仅仅发生在5 000年前，一定有人做了第一个要求唤醒人脑里更高意识的选择。

把你的行动同你的目标、价值和承诺结合起来

我研究了很多年如何帮助我的顾客以最有效的方式实现他们目标，我得出的结论是：必须尊重你每个部分的生存意愿，并获得它们的合作。我们祖先的大脑生活在一个与我们今天面对的挑战很不同的世界里。孩童时期满足我们依赖和独立需求的方法对那个时候的我们全都是行之有效的。但是，对我们的现状、成人技巧、知识和目标来说，我们先前的处理方式是无效的和不适用的。从我们唤醒了的最强自我看，我们需要按照现阶段的目标来更新和指导目前的行动。但是，今天谁掌握着你的生活？你已经取代处在持续冲突中的两岁自我和六岁自我，

来控制你的行为和生活了吗?

假设你的目标是戒烟或者减肥 20 磅。如果一个月之后,你付出了很多努力,也取得了一些成功,但你的某一部分感觉压抑或不安,想要抽根烟或吃掉整盒巧克力,你对这些冲动有多少控制力?

如果你只认定自己只是不考虑后果的只想得到你想要的两岁的自我部分,我保证你会立即抓起烟或巧克力。你可能这样为自己的行为辩护:"这一周压力太大了,我想要抽根烟。所以,我抽了根烟,然后又买了一盒"。在这个时刻,你意识到你想要的,马上就行动起来,却没考虑到你更高的目标和对你的身体、生活和家庭的承诺。

我把这称作生活的两步舞。

第一步:你感受到一种需要或疼痛。

第二步:你通过药物或外部修复来作出反应。

这是一个由你的更原始的、自动的反应所控制的生活方式。在这个两步舞中,你没有掌握对你生活的控制,不配合的冲动很轻易地颠覆了你的目标和承诺。你退化为一个不考虑后果,只抓住他想要的、逃避他所不想面对的孩子。

更有力量、更明智的是三步舞。

第一步:你感受到一种需要或疼痛。

第二步:你按照全新的、真正的人脑来做出一个同你的承诺和价值相一致的选择。

第三步:你采取与由你更高的自我所设定的选择和领导角色相一致的行动。

在三步舞中,你是一个整体。你的行动是整合的,同你的价值、目标和承诺相一致。你相信你的能力,并获得你每一部分的合作,来实现你的目标。甚至当你面对艰难决定的时候,你能够控制你的欲望和无奈,选择做同你选择和承诺的道路相一致的事情。在三步舞中，你成为一个受人尊敬的人，一个能掌握自己生活的进化了的、聪明的人。值得注意的是，两岁和六岁的自我部分是合作的并支持你的领导。

克莱尔：从冲突中突围

作为一个实践这些理念的例子，想一下先前健康、现在不得不应对糖尿病的16岁的克莱尔所经历的左右为难和内心冲突。克莱尔发现很难接受她的世界已经改变了，她的身体和生活不再完美。注射胰岛素成了她的充满了痛苦的不再是天堂的生活的一个日常提示。

克莱尔的父母和医生扮演了独裁声音的角色，告诉她如果不听从医生的叮嘱，注射胰岛素，停止她不顾后果的行为，她会有失明、截肢和肾损伤的危险。就像过度热心和独裁的六岁孩子，她的父母认为他们是理智的和现实的，从而试图去控制一个不吃药的、叛逆的、不现实的两岁孩子。事实上，他们只是促成了强烈的内心冲突，使克莱尔沦陷在一个反抗和叛逆的两岁自我的角色。当威胁和压力不能使克莱尔服从，他们把她送到我的办公室，让我“用催眠术来使她吃药，并停止吃甜食”。

经过试验和吸取过去的教训，我明白不应与两岁的自我进行拉锯战。相反的，我有意识地避免“你不得不”和“不，你不能”这样一种独裁人物使用的字眼。我想要向克莱尔证明存在一个受人尊敬的自我的声音和角色，可以无条件地倾听她所有的恐惧和问题。因此，我集中精力为她详细施用了“是的”模板。

每次克莱尔告诉我她不想注射胰岛素，而想要吃甜食的时候，我都回答：“是的”，“是的，当然。这很正常，可以理解”。当她增加了反抗，告诉我她想要参加一个有蛋糕、糖果和软饮料的聚会时，我只是说：“是的，当然。这只是一个正常年轻人想要做的事。”

在我没有给予任何异议或压力的30分钟后，克莱尔意识到她能放松极端的反对态度，从两岁自我部分对抓住婴儿完美世界的绝望尝试中抽离出来。那个时候，我问了她一个问题，暗示她通过转向保护性的、成熟的自我，她能改变自己的视角。我说：“如果你有一个小女儿，她说她想吃毒药，你会让她吃吗?”

克莱尔回答：“不。”

我继续问：“但是如果这个小女孩坚持，说：‘但是它是甜的，我真的很想要吃。’你怎么办，你会让她吃毒药吗?”

克莱尔回答：“不，当然不。”

我说：“好，我很遗憾地告诉你，对你的身体来说，太多的糖就跟毒药一样。你的身体就像是那个需要你阻止她吃毒药的小女孩。你会保护她远离毒药，而当你偶尔想吃一点甜食时，你知道那相当于要注射多少胰岛素吗?”

当克莱尔用一个强调的“是”回答时，她的面孔从一个易生气的小孩转为一个有着很强责任心的年轻女人。

转向协商者的角色 ▷▷▷▷

当她迷陷在自己两岁的自我部分的时候，克莱尔不能接受一个她很容易受到糖尿病的伤害、必须禁食糖、并注射胰岛素的世界。但是，不到一小时，克莱尔跳出被强迫反对独裁声音的惊恐的、反抗的姿态，开始假设她是一个能做出艰难选择的保护性的、成熟的自我角色。

在几个随后的场合里，克莱尔学着用自己成熟的自我的声音说话，接受两岁的自我部分的需要但却不被它控制。让她的父母同意不再像过去那样扮演一个独裁者的角色，对此也是很有帮助的。

以最强自我的协商者角色看问题，克莱尔也能承认她六岁的自我部分所关心的东西，通过提供一个更有效率和同情心的领导者声音和一个协商办法，减轻六岁的自我部分对行动所负的责任。

一旦她更强自我的第三种视角被唤醒，进入一个保护者和协商者的角色，一个更加成熟的克莱尔有能力承受天堂的遗失，正视易受疾病侵袭的脆弱，并采纳恢复她健康的必备步骤。

从克莱尔的例子中，我们可以看到：当我们进入到一个更成熟的自我中，通过找到一个与目前的挑战、需求以及目标相一致的中间立场来打破内心冲突，是如何快速地起作用。通过获得我们每一部分的合作，我们学会如何转换到一个更高的视角，一个第三种视角。从这种视角，我们能协调“我不想要”和“你不得不”这两部分的声音。在协商者的角色中，我们可以通过应对真实人类世界中的真实奖惩后果来实践自己在做与不做之间抉择的能力。

第六章的练习：按照选择行动 ▷▷▷▷

1. 留意和聆听那些伴随着强烈需求、反抗和指令的话语和感觉。想象这些反应都是从你自己的原始方面而来的信息，要求你的最强自我去做一个执行性的选择或决定。注意那些带来左右为难、抵抗、犹豫不决和拖延的思想和感觉。

2. 注意你是先听到六岁自我的独裁的“你应该”的声音，还是两岁自我的反抗的“我不想要”的声音。这会让你了解你最认同内心冲突的哪一方。记住，即使当你发现只有一个声音的时候，相对应的另一个声音仍然在那，紧抓着拔河绳子的另外一端。你必须同时处理两方面。

3. 观察声音、身体部分和需求之间的拉锯战，提供一个与你的成人目标相一致的指导和选择。不论什么时候你做出选择，你都是在运用你的人脑。记住，你不必想去做你所选择的行动。选择既不是“想要”也不是“不得不”，而是一个第三种状态。选择只是你大脑的一个非常不同的、全新的部分的一个功能而已。

4. 给你自己你需要的，而不必是你想要的。通过在真实的世界里为你所有的身体部分提供一个领导者的存在感，你可以收到身体的原始反应，并把这些反应与适应现在所需要的灵活的大脑联系起来。你不是常常得到你想要的，但是，当你被聆听、被认可和被联结到一个更强大的自我时，你将得到你所需要的。你将发现，这比你想要的更加令你满意。

5. 注意来自最强自我的领导以及最强自我的选择能力是如何迅速地让你追寻你的目标，而不被自己抵抗或颠覆的。

当你打破内心的冲突的时候，你会拥有一种充满力量的感觉，并且获得你身体所有部分的合作，向着你的既定目标前进。

第七章　唤醒领导角色的自我

我们需要改变我们估量时间的方式，并需要放松我们对控制的坚决主张。……应该是每天履行职责，而非集中时间一次完成……留心现在。当下永不变老。……如果每天都奋发向上，你永远不会变老。你将会持续成长。

——盖尔·希伊：《新路》

当今世界具备多重目标和任务，同时兼具让我们远离那些目标的许多让人分心的事物，难怪我们时常感到被湮没、被控制。每当我们开始一个庞大的项目或者试图立刻解决一些任务时，我们的心境会在很短的时间内，从相对平静上升到无法抵抗的焦虑状态。如果我们将始于过去的额外的问题加到我们的纷扰清单中，而且那些纷扰是在未来可预料到的，焦虑（我定义为“现在不能使用的精力”）会转为恐慌。

当我们穿越时空的意识试图同时存在于多个地点和时间段的时候，我们感到被控制，此时我们的身体仍然留在当下的现实中。我们的大脑额叶可以想象当下不存在的虚拟现实的活动，这个非凡能力既是一个优点也是一个潜在的问题。当它正确地被使用时，额叶提供让我们从过去的错误中学习并在心理上预演的能力，并为我们未来可能实现的目标做准备并避免危险。如果我们无法把我们的心理引导回我们身体所在的当下，我们将会经历焦虑而且感觉被控制。

在具有额叶的前额存在之前，类人猿无法对过去或未来的烦恼感到遗憾。他们的生活一定类似于曾经做过额叶完全切除术的人——用外科手段、化学手段切除额叶。他们本可以将注意力和精力集中于此刻他们的生存所必需的东西。他们本可以对过去的创伤记忆产生反应，不过他们真的无法为自己担忧或者对于将来的威胁感到被控制。有时我们可能羡慕他们无忧无虑的生活并考虑使用手术、酒精或药品减少我们的前额叶穿越时空的能力，不过我们可以学习该如何集中精力关注当下的时刻。

被多重目标、要求和情绪控制的情感 ▷▷▷▷

在任何大项目或挑战性的事件开始时，或者当我们在多样的时间框架中构建多重任务的景象时，体验到活力和激情是正常的。被诸如吸引力和恐惧被伤害这样冲突的情绪所控制也是正常的。被控制感使我们深陷于无所适从的困境，让我们持续地仔细打量堆积如山的工作而不知从何下手。如同我们正在尝试到达那座山的顶端，或者如同用尽力气一跃到达一项400个小时的工程的末端，而没有把重点放在道路的起点或在何时以及从哪里开始。在这样的时刻，我们时常对自己表达冲突性的信息："我必须完成这个庞大的项目。我要做这么多事情，但是我不知道该从哪里开始。"

无效的领导命令"你必须完成整个工作，而且完美地进行"，而不告诉工作人员该从哪里以及何时开始，或者该将他们的注意力集中在什么工作之上。事实是结束的时刻将会存在于模糊的和设想的未来中——你的身体不能到达的虚拟现实。那赋予你比现在能使用的还要多的能量，但没有规定一个清楚的方向和时机来释放能量。

我们有时忘记，在移动电话、寻呼机、现代交通工具和人脑产生创造对过去和未来的虚拟现实的能力之前，我们的身体是在森林和大草原的世界中进化的。为了能建设性地使用被压抑的能量，我们的身体需要一位领导者来作出如何行动以构成此刻真正时间的决定。如果你的身体可以回应无效的领导指令，它可能说："你对失败的恐惧和你多重任务的影像已经唤起足以参加百米赛跑的强健有力而又势不可挡的能量。但是之后你坚持我必须到达 26 英里比赛的终点或山顶。到底是哪一个？告诉我该集中所有的这些你刚刚要求的能量到哪里。开始时就告诉我。"

为什么尝试应对被控制感会失败

如果我们带着势不可挡的能量，花数分钟时间来感受焦虑，我们通常借拖延和会令人上瘾的习惯来逃避，以尝试缓解我们的不安。这时常导致吃甜食、抽烟、看电视或上网冲浪——任何逃避使我们感觉紧张、无力和不适的事情。我们将传递一个信息给我们的身体，这个信息说"吃这个，吸支烟，喝这个，闭嘴"，而不是将我们的能量引向建设性行动。

其他的应对繁重项目的尝试性解决方法是只把重点集中在细节上。这种得不到片刻休息的辛勤工作似乎是建设性的，但是实际上这只是占领我们心灵的无效工作，它平息我们的能量并导致结果与我们的蓝图不一致。如果在建设你家房子地基的时候不参照蓝图，你可能浪费许多能量和优质水泥。

把重点集中在细节只能导致对工作的迷恋——与卓越或方向无关的持续工作。例如，一些与我合作过的作家，正在坚持不懈地在成堆的杂志上制造与核心理念不相关的故事。一位作家的有四个抽屉的文件橱柜装满不相关的故事，但却没有一个主题将这些故事串联起来。她工作勤奋但是没有条理，因为她恐惧面对萦绕心头的被控制感，恐惧面对需要完成的 300 页书稿和在未来两年繁重的工作。除此之外，她被批评和拒绝的恐惧控制。因此，她仅仅保持很忙碌的样子——以此避免自我批评，而不是为了工作——却无法让自己致力于可能被中介或出版商拒绝的可行计划。

当你感觉被控制时你能做的三件事

一个叫做吉姆的来访者，正在应对最近生意的迅速扩张，在恐慌中来拜访我。他说："我有许多需治疗的和工作的问题，我似乎无法放松。我被控制了。我正在接受许多药物的治疗，而且我仍然失眠。我在早晨三点醒来，为我的工作、金钱和健康担忧。告诉我该做什么。"我建议吉姆做三件事：

1. 通过启动一个不超过 30 分钟的计划的某个小步骤，来聚焦于当下和控制焦虑。

2. 制作工作的四纬度概览或者蓝图，覆盖所有的空间和时间——与计划管理流程表相似。

3. 把他的角度、角色和声音转换为领导者和项目经理，勾画概览或蓝图，并且使他的头脑保持了解每个步骤的细节。

步骤 1：聚焦于当下

我本可以给吉姆讲一些时髦的或者来自东方哲学的方法步骤，例如，"这里只有现在。尝试坚持那些暂时的东西只会增加你的痛苦"。但是我知道让他进行一个简单的中心定位练习，将他的大脑带进当下比简单地给他灌输这些方法要有效。

我要求他把注意力集中在自己的呼吸上，尤其注意每次呼气获得椅子支撑时深度放松的身体感觉。在六次呼吸之内，他发现自己很平静。然后我给他演示他怎样和自己说话，当他有意识的大脑正在尝试解决太多问题，而不是把重心集中在一件工作上或者去睡觉时。我建议在开始任何的工作计划和在上床睡觉之前，他为自己做这个练习，每次1个小时。

我借呼吸的三个部分告诉吉姆，他将会训练他的身体，从保持吸气和由肌肉紧张引起的应激反应自动地转换为释放应激荷尔蒙和解除肌肉紧张的呼气，这也是一种安全信号。然后他将会体验像漂流物一样漂入椅子并获得支持的感觉，这样的感觉象征着他大脑的其余部分和他身体的智能之间的关联。通过练习运用中心定位聚焦于当下，吉姆发现支持的感觉和关联开始替代担心和焦虑。

中心定位练习。为你自己做这个中心定位练习。在一张椅子上坐下，将你的脚放在地板上，将你的手放在膝盖或者小腿上休息，而且按以下三个步骤作3～12次呼吸：

1. 注意你的呼吸，吸气并数到3。

2. 屏住呼吸并数到3；握紧你的拳头并收紧你的小腿肌肉，同时将你的肚脐拉向脊柱。

3. 慢慢地完全将气呼出来时，从4数到6，当你感觉自己像漂流物一样漂入椅子和地板并获得支持的时候，解除所有的肌肉紧张。

阅读下列提示，并考虑将这个练习录音或者让一位朋友帮你大声地读出来，这样你能闭上你的眼睛，专注于疏导你的能量并解除肌肉紧张。

- 当你呼气的时候，感觉你自己像漂流物一样漂入椅子和地板之上，这代表比你的大脑或自我独自地挣扎更有力量的某个东西。这个东西可能是你的最强自我、全世界的支持、宇宙定律、比整合你的左右脑更深邃的智能，或者，如果你希望的话，是上帝或其他更高的力量。

- 当你将注意力转向你的身体并感觉像漂流物一样漂入椅子之上，随着每次呼气，感觉椅子对你向上的支持。注意椅子在你背部的温暖。当你将注意力转向当下的感知时，你是在与你的大脑和身体进行沟通：“在这之后的几分钟里是安全的。你没有过多的事情去做，没有地方要去。你会缓解那些紧张。你会让那些如此困难的尝试远去。我将选择平静地坐下，在这里，在这个时刻——这个唯一的时刻。”

- 对任何想法或者你自己试图坚持过去而且控制未来的那部分，说“是的，你好”。通过说“是的，我听到你在说。我现在在这里为你服务。你不需要独自地解决过去或未来的问题。来这里，和我在一起”，将你的这个部分和穿越时间的心理带入当下。

- 重复地申明你遵守你的身体和生活的承诺，而且用同情和理解获悉并拥有你自己的每一面。由你的领导角色赋予权力，将你自己的每一面引向从过去和未来的担忧中得到的这片刻的假期。将你的注意力集中在你现在能做什么上，目的是将你达到成功和内部平和的机会最大化。

- 花一些时间在你的笔记本上记录你观察到的任何身体和情绪上的变化。

概要：一分钟聚焦于当下。聚焦练习的这个概要将会训练你的大脑预期仅仅在 12 次呼吸之内，完成能量和聚焦的转换（你在本书的附录 B 中会找到聚焦练习的完整版）。使用这个每天至少五次的一分钟练习，使你对转向任何新工作或环境感到轻松。应用这种练习，你将会发现在两个星期之内，你将会对你的工作和关系显著地感到更平静、更有创造力和建设性。

- 在三次呼吸里，呼出来自过去的对工作的想法和影像、对自我的被限制感和它的问题。从过去的工作及问题的影像中解放你的大脑。让最后一次电话远去。从会议或上下班往返路程的烦扰中解放你自己。

- 在三次呼吸里，呼出对未来工作的想法和影像。从对未来的想象中解放你的大脑。

- 在三次呼吸里，让你的大脑和身体知道你选择像漂浮物一样漂进当下的人和事。当下让你有意识的大脑休息，它与你的身体和你潜意识的、做梦的大脑的智慧相连接于当下。

- 做三次呼吸，从一数到三。数一时同时说："我是好奇的，并对如何快速地从不知道走到知道感兴趣。"数二的同时说："我正选择在这里，从担忧转移到感到好奇。"数三的同时说："我正连接到较深层的智慧，我是思维敏捷的并渴望着开始。"然后慢慢地睁开你的眼睛并聚焦于你的工作。

步骤 2：制作概览

当面对庞大的计划或者许多计划时，我们中的大部分人将会立刻从被控制感转到过度地全神贯注于细节。这产生两个层次的非建设性工作。在两者的极端——被控制、焦虑的层次和详细的、更舒服的层次——我们往往忽略了任务、目的和优先级。

如果你想象你的工作像攀登一座山一样，那么将你的鼻子贴在山上——只给你工作的二维视野——并尝试跳到山顶会导致你的被控制感。当从底部向上看的时候，试着做有关到山顶的整个旅程中的所有的决定，会更加令你觉得被控制和焦虑。这个假设是说，还在山脚时你必须知道一会儿将会发生的每件事，而不是当你向上爬的时候得到更多的信息。仅仅聚焦于细节就像把你的鼻子贴在地面上爬山一样，唯恐向上看并对工作的庞杂感到压抑。

要避免产生达不到预期目标的极端——不是被控制就是被细节拖住，要逐渐形成将工作遍布于空间和时间上的四维纵览、蓝图或大纲。在四维视野下——高度、宽度、深度和时间——考虑该如何爬山，你会见到在往后的几小时或几天遍布于山上的上山路径。你会得到较好的全景，变得更聪明，并可以根据高度进行调整，你有时间享受景观，吃午餐，当你攀登时走哪一条小径的决定可以基于可靠信息做出。借由实践，你将会了解你不能在攀登或计划开始时知道所有的事。实际上，你将会沿着登顶的路变得更聪明和更自信。

使用“倒计时安排”完成庞大的工作或计划。让我们假设，大多数的庞大计划和多重任务最初将会引起焦虑，并使你感觉被控制。在你的初始反应之后，你有三个主要的选择：

1. 通过使用拖延和分心逃脱并且回避，暂时性地降低你的紧张。

2. 没有制作概览或计划，把重点集中在细节上。

3. 制作一个四维概览，可以给你计划的每个步骤一个大纲。

在检查你的大纲或蓝图以确认你正在做正确的工作并进入正确的方向之前，这最后的选择允许你作出有关在有限时间内——仅仅 30～90 分钟——聚焦于哪个细节的基于可靠信息的决定。通过聚焦于短期目标，你将会避免要求你注意的对其他项目的恐惧，而且你不太可能背离你的蓝图太远。

蓝图或概览帮助维持被控制感与纠缠细节之间的平衡。它给你时间考虑大的图景和平静地选择关于下一步该聚焦于哪个细节，而且帮助你发展出计划中适合的步骤顺序。既然你的大脑里有一个蓝图可以咨询，它会更适当地使用额叶计划和想象未来的功能，指导你保证每一步的成功。详细工作的每个部分与蓝图相连接，你能确保你大本营的基础与你的计划、优先级和时间表保持一致。当你产生你工作的四维大纲的时候，你会认识到一项重要的工作不会在短时间内完成，而是随着时间的推移，逐步地、不连续地完成。为了到达未来完成的地方，你必须告诉你的大脑和身体该从哪里以及何时开始。

如果你想要准时到达飞机场以赶上航班，你知道你不能只提供大脑航班出发的时间。你必须制作倒计时安排的时间表。因此，如果你的航班是下午 6 点，你至少在下午 5 点之前要到达飞机场，在下午 4 点之前应该离开你的办公室，并且在下午 3：30 之前打完一些电话。在此之前，你还需要晚间倒计时，才能打包好你的行李并准备好你的机票。你按照你的四维时间表遵守倒计时安排，直到你知道现在该做什么有助于你及时抵达飞机场。

举一个在某一计划中该如何倒计时的例子。花一些时间思考一个庞大的计划——装饰卧室，体重减轻十磅，学习吹奏乐器，完成学业——并从现在起的数个星期、数个月或数年内，制定一个合理的截止期限。在纸的顶端写上截止日期。然后从截止日期倒计时，从上到下在纸上写下每个星期或每个月，直到今天为止。然后问你自己："今天，我何时会开始？我将从哪个部分开始？"在你至少已经完成计划中的半小时的不间断工作之后，问你自己："我何时能再开始？"

你刚才已经展开计划的大脑映像，描绘出迈向目标的每一步，你的大脑也回归当下，你的身体会成为释放大脑的能量并开始工作的地方。通过创造计划的四维视野，你不仅克服被控制感，而且还将使用你未用过的人类大脑的全部潜能。

步骤 3：移转到自我领导的角度、角色和声音

对我们人类的前额叶皮层来说，管理时间穿行心理并使用它对我们有利的技能是挑战性的工作。没有我们最强自我的新的、执行大脑功能的指导，在当下的多重需求下，容易对过去感到愧疚，为未来担忧，并使我们自己受到控制。

正如人类的大脑能向爬行类动物脑示意关掉它的应激反应，并示意哺乳类动物脑关掉羞耻和屈从放弃的信号，人类的大脑能将我们对过去和未来的额叶影像带入身体所在的当下。像大

多数进化功能一样，我们心理上的时间穿行能力帮助我们的祖先生存而且因此无法去除。但是我们会学习使用我们较高水平的大脑功能，通过提供真实生活在当下的领导，来平息并重新引导这些原始的生存功能。

你的最强自我能接受你的人类极限。从领导的角度出发，你需要遵从身体和生活，有关时间和资源的极限对你的要求是现实性的。身为领导，对于聚焦于哪一个活动和计划以及应该舍弃哪一个，你必须作出严格的选择。他应该是全能的并能够使其他人快乐是婴儿的幻想，应该放弃这种幻想，完全地接受你自己。接受你的人类极限还可以减轻完美主义的压力，并使你行动于当下，而不是尝试改变过去或者控制未来。

从你的领导角色出发，你能激活你最强自我的声音，与那些你的恐惧部分及你较低级的大脑对话，他们说：

- 是的，你当然被你想要做并感觉必须做的所有事情控制。
- 是的，你当然为未来担忧并对过去感到内疚。
- 是的，我比任何其他人更了解，当你被控制和恐惧的时候，你有什么样的感觉。
- 现在我在这里，你并不孤独。而且我正在选择该放弃什么，该把重心集中在什么地方和应该做什么。
- 我足够强大，能够处理他人的预期和愤怒。我将会把我们有限的能量和时间分配于符合较高价值和使命的那些工作。
- 你真正需要做的全部工作是当下这个时刻需要展现的，聚焦于开始，观察你自己如何从不知道到知道。这会很有趣。
- 我将选择生活中更多的平和，而且品味当下这个时刻。我会放弃尝试修正过去和控制未来。这个片刻和这个工作是你唯一需要把重心集中在上面的。这是我们唯一拥有的时刻，而且我试图品味它，并充分利用它。

你孤立、挣扎的有限自我的观点，导致你容易感觉被多件事情所控制，就像在家里和在工作时扮演很多角色一样。通过把你自己的每个部分联结到你的最强自我，你可以使用你潜意识的、做梦的大脑的四维角度，使工作按流程表、蓝图或大纲中安排的时间进度展开。

自我能够容纳你的更多情感

当我在马里兰大学研究所时，我的父亲中风去世了。一年之后，我心爱的祖父去世，叔父在一个意外事故中去世，一位童年期的朋友死于癌症，我的未婚妻解除我们的婚约。除了这些变故，我和我的一位心理学教授很难相处。当我要离开他的班级时——再一次受挫于我们的不同观点所引起的摩擦——前两年所有的生离死别湮没了我，深切的悲哀和身体的疼痛袭向我。我心脏和胃部的疼痛导致我走路时好像另一个人——低着头，泪水在眼眶里打转——就这样我穿过整个校园到下一个班级。我唯一意识到的事情是情绪和身体上的痛苦。

我只把重心放在我的损失上，担忧我的未来。我的情绪产生像一座大山一样的我突然无法处理的被控制感。我在想："我能大学毕业吗？我会找别的女朋友吗？我将如何忍受任何一点更多的损失？"我的想法和情感在那个时刻被限制在我是谁这一小部分上。我忘记了我的周围环境和自身主要的感觉，直到我听到一声巨响——像巨大爆竹爆炸一样的声音——并向上面看。突然，在20世纪70年代早期，我重新看见和听见了校园的一切。狗正在追赶飞盘，长发的学生正在二百年树龄的树下嬉戏，而我自己的身体在清澈蓝色的天空下，正在走过绿色广阔的草地。这个五彩缤纷的世界与我沉闷的、灰色的痛苦形成鲜明的对比。

在我的周围是生机勃勃的世界。现在，我有一个对我的情感和想法来说较大的容器。

当我的感觉扩展到包括校园在内的更广阔背景时，疼痛减少，或者至少它变成了仅仅是生活中绝大部分经验的一小部分。这突然的变化是显著的，使我想起一个感觉练习，在德国人弗里茨·珀尔斯（Fritz Perls）教的课程中学到的格式塔治疗练习。遵照这种练习的指示，我开始观察我大脑的注意力如何转移，而且我对自己说：

“现在我意识到我的腿在行走……现在我意识到我胃部的疼痛……女人笑的声音……天空的蓝色……悲哀的情感……欣赏这个校园的美女……悲哀仍然在这里，但是比较小……我的肌肉和我身体的力量……现在我意识到能够在较大容器中容纳悲哀的情感，这个容器使它们似乎不那么无法抵抗。”

“现在我意识到……”练习。“现在我意识到……”练习是把你的大脑引导回到当下的另外一个工具。它证明你转移注意力的能力，从表面上的被控制感到平静地聚焦于当下的更广大的世界。为了训练你自己在更大的感觉容器中容纳烦扰的能力，在步行或远足的时候进行这个练习。将你的开始想法和感觉想成仅仅是你较主要的、较强大自我的一小部分，而不是让它们控制你全部的注意力。通过练习，你将会提高你传达情绪、想法和反应的能力，而不会在被它们控制的感觉中失去你自己。在数个星期内，每天做这个练习，你将会迅速摆脱在你的关系、工作或者健康中遭遇丧失和困难的强迫性想法。

当你开始这个练习时，花一些时间感觉你身体当下的感觉是什么。意识到什么是你正在见到的、嗅到的和听到的，以及你的想法、影像和情绪。关注你注意的物体将会如何不断地改变。在每次陈述开始时说“现在我意识到”，就像下面的例子中一样：

- 现在我意识到我左肩不舒服的地方。
- 现在我意识到鸟叽叽喳喳的声音和交通的噪声。
- 现在我意识到焦虑的情感。
- 现在我意识到悲哀的情感。
- 现在我意识到我脚下的鞋底踩入土地……我小腿的动作……我鼻孔中的气息的味道。
- 现在我意识到有许多持续变化的感觉。
- 在大量的感觉下，现在我意识到在更大的意识中，悲伤只是一个较小的部分。
- 现在我意识到凭空想象的无端膨胀。

当你将“现在我意识到……”练习作为你应对技能的一般部分，你将会发现你所有的想法、身体感觉和情绪会在一个较大的容器中被你的扩展认同所容纳。这个练习把你转换到作为观察者的你自己的角度。以你最强自我的视角，你在当下将身体与大脑相联，将大脑右半球与左半球相联，并且将你的潜意识大脑与你较高级的人类意识相联。

第七章的练习：一次迅速又聚焦的呼吸 ▷▷▷▷

想象你正在扮演一部冒险、功夫或空手道电影的英雄角色。想象在剧中，五到十个对手同时攻击你。或只是想象典型的一天，你的老板、孩子、朋友和父母突然同时要求你的注意和时间。

- 注意被控制的感觉和无法决定该做什么的感觉。
- 注意你正屏息一会儿，有与因害怕及畏惧而僵住的人一样的瞳孔扩大反应。

◎ 注意快速地呼气，立即将你的眼睛和双手聚焦在单个对手或者工作上，然后很快地把你的注意力移到下一个人。

当你面对你的账单、几十个电子邮件或者电话信息、多个孩子或者管理者的同时要求的时候，通过迅速呼气会将你的注意力和双手集中在一件工作上。将你的大脑带入当下，从这里开始，现在："集中注意力！面对那些账单。处理那些文件。"或喊出"现在!"来摆脱被控制感。当你将你的注意力集中在一件工作上的时候，使有力地呼气成为一个习惯。这个习惯的印记将会快速地代替你被控制的感觉，在当下建设性地释放能量。

第八章　唤醒教师角色的自我

生活只存在于某一时刻，此刻它是无限和永恒的。你可以相信你的自我能够跳出永恒的当下；但你不可以，因为你只生活并存在于当下。

——艾伦·沃茨：《成为你自己》

最有效和最有力的强大自我唤醒程序的一个应用，是在处理紧迫时间、高应激情境方面，如逼近截止期限的计划、全天的标准化考试、三天专业资格考试、竞技体育运动、音乐演奏和听众数量众多的演讲。为了在这样的情境中最佳地表现自己的才能，你不能让你的自我或者有意识的大脑担心有关你在过去本应该如何准备、将来失败的结果或对你有什么不恰当的分析。

与我合作过的运动员、音乐家、学生、记者和律师，已经学会使用这个程序，在高压力和时间限制下最佳地表现。他们的成就成为我们能够认识到的全部证据，来理解我们即刻反应的习惯，以便我们能指导自己在任何领域内、在任何类型的压力之下最佳地表现。也就是说，当你担忧的大脑正在说“我怎么了”的时候，你的最强自我会将你的注意力集中在工作上，而不是在自我批评中浪费时间。在你结束打翻牛奶瓶之后的咒骂之前，你将回到这个游戏中，并聚焦于你现在能做什么以将场面整理干净并继续做生活中非常好的事情。当你采用较高水平自我的视角来工作的时候——将你行动的所有部分当做整合的整体——你就会比较容易在较高的自我价值上保持注意力，并且在维持一种内部平和感时最大化达到目标的机会。

自我批评和“天才综合征”

当我在加州大学伯克利分校为学生指导克服考试焦虑工作室的时候，注意到大部分使他们不安和苦恼的想法与他们考试的未来结果有关，是他们基于自我评判和自我批评的内部对话。他们典型的内部对话是未来指向的，并包括对自己的评判和自我批评性的陈述，像这样：

- 为了要进入一所好学校，我必须拿 A。如果我失败，我该如何告诉我的父母?
- 我不能理解这东西。我怎么了?
- 我本该学得更多。我不擅长数学。
- 我总是拖延直到最后一刻。这样的话，我永远无法毕业。

关于过去或未来的想法引起的焦虑和压力会分散精力，使我们无法集中注意力，不能有最佳的表现，而且让我们从现在能做的事情上分心。关于个人缺点的自我批评式的想法使我们心烦，因为我们担心犯有基本性的错误。自我批评的这种形式是我所说的天才综合征。当我们的自我染上这个综合征的时候，我们在心里想着：“我虽然应该立刻明白这个东西，但是我不理解它，因此，我的脑袋一定有不对劲的地方。因为我不是完美的，不是上帝，并且不是一个可以很容易做每件事的天才，所以我宁可对自己生气。如果这件事情不容易，我甚至不会尝试。”

最佳表现的领域

高峰表现专家查里斯·斯皮尔伯格尔（Charles Spielberger）和理查德·休恩（Richard Suinn）已经研究了在这个领域中运

转什么是必要的——平静地集中注意力的状态，让我们远远超越基于平常的技能和信心水平的表现（或者，回顾一下第二章的内容，特别出色的表现，远远超过仅仅通过有意识的努力可能发生的表现）。他们告诉我们，当我们学习用工作指向的聚焦取代自我指向的、自我批评的想法，我们在考试和运动中的表现会有显著改善。他们研究大学生和美国奥运会代表队，研究结果支持这里所谈及的可以帮助你工作和娱乐，并且将你与平静的状态相联系的技术。克莱尔蒙特研究生大学的一位博士已经发现在工作中优雅、欢乐和轻松的人们的状态与他称为流畅的状态相似。

你能达到整合的强大自我的状态是不能够被你的自尊心、往日的认同感或有意识的大脑所理解的。当你选择和显示你整合大脑和强大自我的资源时，你的自信心水平与你能做什么不相关。关于流畅状态的研究工作显示，当你的自尊心和有意识的大脑独自挣扎的时候，集中注意力在当前的工作上会产生充满喜悦的投入状态，并将表现提高到远远超过可能的水平。为了要在任一情境中达到最佳表现，你还必须了解并准备好应对那些平常烦扰你的事物——诸如自我批评和有关未来的想法——你从而能立即地将它们推到一边并用集中注意力于当下时刻的一件工作来替换它们。

一直表现出流畅状态的人会发现一个小秘密：即使当你认为你会丧失一些东西，或缺乏对你能力的信心来达成你的目标的时候，你也能借由进入流畅状态来达到远超过你预期的水平。如果你仅仅从自尊心开始——仅仅使用你有意识的大脑和可控制的肌肉来解决问题——你会工作得非常辛苦。与天赋发生关系的是占据你大脑的另外95%，你将会发现应对生活的挑战和取得成功可能是比较容易的、富有想象力的和令人兴奋的。

保持在状态中

一些人去修道院冥想，以求达到心理上的觉醒。然而，当我们的较高水平自我起作用的时候，我们中的大部分人能借由在较高水平集中注意力，着手做我们生活中的日常工作来达到相似程度的觉醒。

自从我读到有关佛教和道教的东西，我已经着迷于学习禅宗的教义并将禅视作一种尖锋体验——没有焦虑出现的高峰状态的本质。我想到在这个状态下竞技的运动员就像练习西方形式冥想的修道士一样。在完美罚球的慢动作时刻，你处于正在进行的状态，而不是为了今后的目标努力或者为到达任何特定的地位。

矛盾的是专业运动员必须是最具有目标取向和竞争性的，但是为了达到他们最佳竞技水平，他们还必须能够将注意力集中于他们大脑现在的时刻。关于将来目标或过去片刻的任何想法，都将把他们从状态中拉出来并回到平常的、有意识的大脑挣扎中。

《心灵游戏教练报告》（*The Mental Game Coach Report*）一书的作者比尔·科尔（Bill Cole）说："泰格·伍兹不把他的目光停留在目标上。相反的，他把注意力集中在过程上。在竞赛中，好的运动员把注意力集中于胜利的目标只是一个神话……出色的表演者所集中注意力的地方是过程。泰格·伍兹在把他的大脑保持在此刻方面有卓越的能力。"

当你练习超越你每天的身份，以你的最强自我生活，你便增加了达到内部平和并将你的潜能最大化的机会。然而，你安心于这个时刻，理解最佳水平的持续表现并不来自浮夸和挣扎的自我。这几乎是心理上的实践，如同一个冲浪玩乐的人与波浪融为一体；热恋中的人冒险吐露心中的隐秘；一个跳伞运动员跃进自然母亲的怀抱时说："没有你的帮助我会无所适从。给我一个奇迹吧！"的时候显而易见的是，如果执著于坦然地生活，生活会回答："是的，我为了你在这里存在。你不一定要知道该如何独自地进行这些，只需要坦然地集中注意力于当下，并观察奇迹。"

我们中的大部分人，在假期时会体验到生活中的这种愉悦。在一段逃离每天的烦恼的安全期内，允许我们抛开自己的纷扰清单，掷硬币告诉自己："我可以逃离压力两个星期。不管什么发生，我要享乐！我想要玩得开心。"而且我们确实喜欢在无法理解的语言、货币或交通体系的多重冒险中成为我们自己。因为不存在有关应该如何做的束缚，所以我们不会犯错。这个世界充满体验式的学习和对新事物的探究，就像是对初学走路的婴儿敞开大门一样。再次声明，对生活体验到孩子般的强烈热爱，会使我们确实成为充实和轻松的人。

如何将注意力保持在工作上 ▷▷▷▷

记住：你不一定要等待你的自我感到安全、自信、有活力和全知。摆脱对你自尊心限制性的认同并扩展成为最强自我的第一个步骤，只是观察并识别你的初始反应和内部对话。通过自我的观点并赋权于你最佳运行的角色，把注意力集中在工作上而不是你自我的恐惧和分心的事情上。为了达到个人的最好表现，请做下列各项：

- 注意你的自尊的语言和情感是否把重心集中于过去或未来，是否聚焦于自我批评。

- 简单地观察并识别与自尊相伴的感觉（通常是焦虑和抑郁）。不要和它们争论或者让这些想法和感觉将你的关注焦点从你手头的工作上转移。

- 把你的关注焦点移到你的工作和目标以及你现在能做的事情上。再申明你有能力选择面对任何恐惧并开始任何工作。
- 用工作取向的想法和指令代替你的初始默认反应和想法，例如，“聚焦于当下。我知道这个答案的哪一部分？我现在能做什么？我决定展示给他们看我能做的事情。我自始至终参加这个比赛直到最后一秒，不管得分是多少。”

很重要的是你没有浪费时间与不安全的、自我批评的部分争论或者安慰它“没事的”。只是说：“是的，我知道你的恐惧。聚焦于当下。我将选择揭示我们能做事情的本来面目。”

识别你的默认反应：它们会有助于还是阻碍你完成任务？

当我正在接受为期 9 个月每周一次的化疗时，我告诉我自己的第一件事是：“癌症并没有在我的肺部扩散；它已经在那里被我肺部过滤来自血液的碎屑的能力控制住。我的身体是积极的盟友，而不是消极的受害人。”我开始觉察，特定的想法和行为有助于感到活在当下，其他的想法将我从我能活多久的意念中转移。我的生活变得非常简单。当决定该做什么的时候，我会重复地问我自己：“做还是不做？这种想法或行为是有助于还是减损了我的健康、幸福和活力？”

因为我的第一优先任务和我的时间、身体和生活的保护者的角色是非常清楚的，所以我花非常少的时间决定该如何行动。借由激光束状的焦点，我会立即抛弃负面想法并把重心集中在我的任务、路径和较高的价值上。在践行我自己的承诺方面，有时我将会这样回应来自我朋友和家庭的请求：“不，谢谢你。那听起来像工作一样。”电话推销员会听到：“不，谢谢你。我没有时间。”当你已经得到末期诊断的时候，在真实的信念下你会说：“我没有时间。”

任务的清晰度使规定过程中的停留更轻松并最小化，将可能轻易地浪费宝贵的时间和精力的牵制减到最低。

定义你的任务：重点关注更强的生活激情

当你把这个计划应用到你的生活中，你将会了解，即使你无法使你较谨慎的部分信服地工作，你也能收获它的好处。记住，缺乏自信是你自尊心的默认状态。将它推到一边并选择揭示本来面目，将自己聚焦于以新的和充满生活激情的方式前进的步骤。

你能将工作取向的想法最佳地执行于考试、球场、生意和人际关系上。更进一步，借由保持你最强自我的角色在每天的计划中保持工作取向，将帮助你摆脱与自我恐惧、缺少自信和成瘾性之间的联系。这是一种学习的方式，即你不一定要被旧习惯、分心的想法和情感控制。举例来说，即使我 30 年前停止抽烟，我仍然有抽一根香烟的想法。但是，当我有这样一个坚实的承诺来保护我的身体远离香烟、旧的习惯和成瘾的时候，想法和平静的渴望——不管它们可能如何强大——无法控制如何选择行动。我的身体接受过化学治疗，之前有十几年的吸烟史，我不能为一根香烟出卖身体，不管吸烟的冲动如何强大。以很强的好奇心和同情，现在我能观察吸烟的想法甚至是冲动。这些想法和感觉只是过时的反应，它们能提醒最强自我完成保护我的身体和生活的任务，而不是忍不住去吸烟。

越清楚地识别生活挑战中你的默认反应，你就会越快地理解它们，并使你所有的部分改变方向以通向内部平和和成功的路径。认识你的旧习惯并保持清楚的任务，共同地作用于提高你自我修正并聚焦于导向最佳表现的建设性行动的速度。

借由同正确行为反应相联系的意识，在限制压力、内部冲突、被控制感、自我批评和挣扎这五个主要问题的破坏性效果上，你将变得相当有效。你将能够在仅仅几秒内回应这些问题，用你最强自我的特质代替它们。

任务陈述。完成生活任务的热忱并保持最强自我角色的一个好方法，是创建任务陈述。为了帮助你产生任务的超越感，我已经列出我的任务陈述和视角作为例子（注意我说的是领导和保护性角色中的“最强自我”）。

- 我同意接受现实而不是对抗它。生活和其他人不是问题或者敌人，而只是事实。
- 我限制我的应激反应少于30秒。自我威胁不再是可接受的。我与我的每个部分沟通：“你的价值对我来说是安全的。不管发生什么，我将不使你感觉很糟。”
- 我从选择而不是从由“你不得不”和“我不想要”之间的内部冲突引起的矛盾心态来经营我的生活。矛盾心态和内部冲突现在是唤醒的，要求我的最强自我作一个裁决。
- 我快速地从孤立的、担忧的、有意识的大脑离开，并将它转向疑惑我更大的、整合的大脑和身体的大智慧将会实现什么。
- 为了与一个更深层的支持系统相联，为了将我的右边大脑与左边大脑相联，为了与我的身体的智慧相联，在开始工作之前至少做三次深呼吸。
- 我将我的每个部分整合进一个既有力量又聚焦的队列之中。不让我单一的部分独自工作或者承载对生活的完全的责任感。
- 我，作为最强自我——不是六岁或两岁或具有任何较低水平的大脑功能的我——掌管我自己的生活。从我可得到的作为主要自我的视角、智慧和支持中，我对自己的生活负责，并对将我所有部分导向较高的价值和使命的角色负责。

在你的笔记本中，写下你自己的任务陈述和你自己的承诺。

通过明晰你的任务陈述，你将会快速地进入到教师的角色，使你每个部分聚焦于正视你目前要完成的工作。

第八章的练习：在呼吸中聚焦

在这个练习中，当你完成1～3次完全呼吸的时候，你将会训练自己集中于你自己。每次当你注意到自我批评、担忧或受挫感时，做这项练习。如果一天中你做这个练习好几次，一个星期下来，你就会明显减少花费在凭空想象上的时间。

1. 下一次，当你发现自己攥紧拳头、皱起眉头，而且因为某件事没有按照你的方式进行而开始咒骂时，看看你是如何快速地呼气并像漂浮物一样漂进你的椅子、你脚下的地板上。（注意：堵车的时候是练习的好时间。）

2. 当你呼气的时候，打开你的手，好像说："它超出我的手掌。因为我的自我清楚地不被这种情境控制，所以这将是有趣的。"（注意：与你的孩子、父母、老板或雇员一起做这个练习。）

3. 给你自己时间屏息以待而且呼气至少三次。随着每次呼气，抛弃更多的紧张而且将你的注意力集中在选择直面你所面对的工作，将它作为一种生活事实，而不是咒骂它或使它成为一个问题。（注意：当你正在计划延迟你的某个部分排斥的项目时做这个练习；记住，自我是在选择中运行的——而不是"必须"或"想要"。）

4. 感谢这个挑战，它将你带入超越你自我的视角，而且让你与你所拥有的、但并不了解的资源、支持相联系。（注意：当支付账单、面对写作瓶颈或清洗盘子的时候，练习感激的心情；尤其需要感激的是，你主要的大脑和自我如何平静并有创造力地与生活的所有层面合作——甚至是你最初抵触的那些层面。）

除了在呼吸中聚焦的练习，下列提示也会帮助你达成最佳的表现：

- 仅仅把重心集中在完成工作上，不判断你的价值。
- 聚焦于工作需要什么，而不是尝试避免批评。
- 把重心集中在人的优秀之处，而不是完美。
- 把重心集中在做你现在能做的，而不是其他人在做什么，或者如果环境是理想的，你认为你应该能够做什么。
- 把重心集中在作为事实的困难的事件和人上，你能与这些事实共存，而不要把重心集中在问题、障碍或你需要回避、移除或对抗的敌人上。
- 把重心集中在该如何清扫溢出的牛奶，而不是你为什么溢出了牛奶上。

第九章 唤醒教练角色的自我

我已经开始了解引领一种整合生活的极端重要性……允许我自己首先从所有的方面——积极的和消极的——去发现我是谁，然后把它们结合在一起，引入更加宏大的整体之中。

——尼尔·沃尔什：《黑暗背后是光明》前言

关联，你最强自我的第五个特质，可激活你身体中的教练角色，一个让你把所有你自己的部分整合到一个有战斗力的队伍中的角色。关联的特质结合所有的部分进入更宏大的整体，这样你的任何部分都不会被滞留在过去中独自挣扎。你，作为你自己，也不是孤独的。在每一个自我的角色中，通过进入你的潜意识心理、整合你大脑的两个半球和你身体求生存的直觉性智能，你被赋予连接并支持你自己每个部分的权利。你所有单独的部分——认知的、情绪的或身体的——曾经很孤独，它们曾经尝试着去各自管理你的生活，现在它们都不存在了。

再一次阐述唤醒最强自我的前提是非常有价值的：我们大部分问题的根本原因是，我们把自己的身份认同于自己弱小的、分离的部分，然后又让那些部分来掌管我们的生活。当我们没有借助于最强自我和全新大脑负起责任进行管理的时候，童年期的依赖、对无条件爱的追求、过去的失败及创伤以及对较低级大脑的应对方式的过度信赖，使我们的前途阴云密布。

关联的魔力

让被分离的部分跑进你的生活就像是让运动队的运动员在没有教练的情况下管理他们自己。不管那些高中还是大学中的运动员的天赋和成就如何，在没有一个能将他们训练得像运动队中的成员那样思考和竞技的教练时，他们无法创造显赫的成绩。

这就是美国曲棍球教练赫布·布鲁克斯（Herb Brooks）在1980年所做的事情，当时他集中了美国大学里的体育尖子，将他们打造成为一个团结合作的队伍，并击败了曾经赢得四枚奥运会金牌的苏联专业运动员。与美国肯定落败的预测相反，一群业余爱好者集合起来取得了胜利（你相信奇迹吗?）。与这个模式相似的是，在2004年美国NBA总决赛中，一个除了特别的团队合作之外没有巨星加盟的队伍，居于下风的底特律活塞队获得胜利。通过联合所有的运动员成为一个合作的团队，避免了由于个体自尊心之间的冲突所引起的思想不集中，活塞队击败了洛杉矶湖人队，赢得了14年来第一个总冠军。

从教练的角色、视角和言语中，你能提供一个战略的计划和视角，在共同的目标下联合所有的运动员，最后你将自己置于掌管你自己内部团队的角色上。分离的自我——尤其是那些“你不得不”的六岁的他的言语和那些“我不想”的两岁的他的言语——不再闯入你的团队中。你全新大脑的管理组织功能是被唤醒的，而且维持一种视角来审视你能调动的所有心理、情绪和身体的部分。

由教练的视角和智慧提供的指导，会为你赢得整个内部团队的忠诚和合作。当你在教练的角色中时，你可能想感谢所有一直尝试用有限视角来处理你的生活的那些部分。你甚至可能想为教练角色没有较早出现而道歉，来减轻它们在你生活中所承担的不公平的重任。你会发现寻求本质是有帮助的，与负担过重的、一直挣扎的部分对话，你可以说："我最后是作为我生活的成熟教练的角色出现的，你不必再独自地挣扎。你能停止尝试如此困难地修正或者改变过去及你的父母。你不一定要为了被接受而完美地完成任务。我一直站在你这一边，不管成功还是失败。我永远不会放弃你。不管你有什么困难和缺点，我完全地接受你并且爱你。"

在你的笔记本中增加对话的词语，与那些尝试忠诚地保护你并应付你早期生活挑战的部分进行对话。

抛弃独自挣扎

西方文化和清教徒的传统教导我们，为了要运用我们的天赋并达到我们的目标，必须征服自然。还告诉我们努力尝试、独自奋斗并成为粗犷而朴实的个人主义者。然而，许多其他的文化寻求与自然和谐地配合，并与家庭和社区关联。

我们中的那些沉浸在摩托艇文化中的人，期待我们的技术、引擎和汽油可以按照时间表，横跨湖泊或海洋以一条直线将我们带到渴望的目的地。这种行动的方式似乎假定我们与自然是分离的，我们无法学习应该如何利用交通工具和风的力量产生动力，因此我们对外部环境如机械装置和汽油的依赖是永恒的。那些在帆船社会中受教育的人，必须懂得应该如何通过研究风、海潮来与自然合作，通过研究星空来航行。为了到达他们的目的地，必须稍微远离他们终极目标的正中心，成一定角度倾斜地航行。他们享受旅程，同时享受他们与自然法则的和谐关联，而不是要求直接达到目标。

当你停止与生活起争执的时候，你的生活旅程将会在相当大程度上变得更轻松、更有乐趣，好像你在远离它，并开始一种与它相关联的生活。努力和奋斗是在社会中取得进步所必需的，而且在你的个人成长方面，竞争和奋斗是自尊心独自运作的表现，这是个体对抗自然的方式。

每当我或我的兄弟姐妹努力地转动一个龙头、螺钉或阀门时，我的父亲会警告我们："如果你不得不竭尽全力，那么说明你可能是在向错误的方向转它。这件事情本应该是很容易的。"当我还是一个孩子的时候，我不能完全理解我的父亲所说的话中的智慧，但是当我长大之后，我心领神会了。我已经将我父亲的实践观点变成下列各项我自己生活的拱桥原则：最大化生活中的安逸和欢乐。已经有足够多的努力和随处都是的工作，你不需要再增加。如果你过于努力地尝试，你将与生活为敌，进入错误的方向。

从你最强自我的视角和角色出发，你能理解并与坚持分离幻觉的那些部分保持连接，分离幻觉使那些部分持续受困于对抗生活的独自挣扎中。

从挣扎转变为关联

为了加强你从独自挣扎转变为关联的身体记忆，让我们重复一些练习。在下面的练习中，当挣扎和分离的部分起作用时，你注意它感觉起来像什么。注意感受竭尽全力独自去完成时所引起的紧张。注意一旦你与你较强的自我和较深层的智慧重新连接，并超越你有意识大脑或自我的理解的时候，负担如何快速地被减轻、工作如何变得更简单。

- 伸直手臂举起公文包或者书，当你的手臂独自执行任务，与你身体的其余部分分离，注意你的手臂的速度和在这次努力中感到的疲惫。现在将你的肘带到你的髋部——接近肚脐下面的部位，当你的手臂和你的每个部分被连接到你的中心的时候，注意如何较容易地执行这个任务。

- 试着用完全从你的身体延伸出去的手臂，打开一扇厚重的门。注意当与你的其余部分分离时，你的手臂如何不得不努力地工作。然后把你的肘连接到你的髋部，抓住门把，稍稍弯曲你的膝，通过转你的身体和髋部打开门。注意当你所有部分被连接并一起工作的时候，你会如何更容易和更优美地打开门。

- 在一张直背椅子中坐下，并想象你的头和肩代表你与你身体的其余部分分离的自我身份。试着仅使用你的头和肩站立，将你自己持续地向上拉向目标。当你的头部与你的身体、小腿、脚和地板支持的其余部分分离的时候，这几乎是不可能的。但是请注意，一天之中你多少次冒着使你的背部变形的危险，尝试突然向一边倾斜并离开椅子。（注意：如果你有膝部的问题，不要尝试做这个练习。）

- 现在想象你的头部——作为自我的符号——获得你的身体和较全面自我的支持。你的目标仍然是向上移动，但是这次以将你的注意力放在你的脚上并将它们压向地板开始。一旦你通过你的脚被连接到地板，把你的头和肩曲向下和曲向前，好像从你的膝部跌落。当你的脊柱展开的时候——一根脊椎骨叠在另一根的顶端——保持你的头部的姿势，并让你的脚和腿部支撑它的重量，直到你轻松并安全地离开椅子并站立。

这可能看起来与直觉相反，但是——如同生活的许多方面——为了达到你的目标，你必须以进入相反的方向，远离你的最终目标开始（帆船必须以一个特定角度前进才能准确地达到它的目的地）。把你的头（或自我）连接到你的脊柱、你的脚和地板上，而不是让它独自行动并与你的身体分离，这代表较全面的自我。

克雷格：从竞争中转出

早在中学时，为了避免被他的父母羞辱，克雷格就企求被认为是完美的。如果他犯了错或者得到除了A之外的任何分数，克雷格会在完成他的家庭作业的任务中投入更多时间和精力，超过他的班级中其他任何人。由于过于焦虑，他发现完成或者上交他的作业几乎是不可能的。

他的老师评价克雷格说“克雷格是聪明的，但是缺乏动力完成他的作业”，并将此报告送至其家。他的父母暴怒。他们必须工作得非常努力，以提供自己不曾有的教育资源和宝贵机会给儿子。他们的愤怒只是增加了克雷格追求完美的倾向，并使他由于内疚、怨恨，以及深刻的羞耻感和无价值感而身心疲惫。

尽管经受抑郁的困扰和缺少自信，克雷格还是竭力以B的成绩完成高中学业，并基于他的能力完成标准化考试进入一所不错的大学。在大学里，克雷格本应该表现出他的真实潜力。但是事实上，他在课堂中不再是聪明的学生，由于完成作业的问题变得更突出，他的表现位于中等水平。当他的课程变得更具有挑战性的时候，克雷格发现要达到自己完美主义的标准几乎不可能，他把完美的表现视为能够使他在批评中不会受伤害。他熟悉的应对方式在面对课程压力时显得力不从心。克雷格已经达到他的极限，在自我挫败循环中感到巨大困难。心理治疗和药物治疗有些许的帮助，但对于让克雷格与他所熟悉的模式相分离似乎并无帮助。当他觉得不舒服和失去控制的时候，他决定打电话给我寻求指导。

在我们电话治疗的初始阶段，克雷格很自然地怀疑唤醒最强自我的项目会对他起什么作用。但是一旦他认识到他可以从他抗争的、完美的自我视角中转移出来，并同他最强自我的深层资源相连接，他变得感兴趣，并对产生积极变化抱有希望。在运用该项目的数个月之后，他把下面的电子邮件发送给了我：

在我们的指导治疗开始之前，我没有认识到我受困于对我父母尽义务有矛盾的情感，无法控制对于完美的渴求。但是开始的一些练习帮助我发现，有一个成人的“我”会选择该做什么，不管他人的声音，也不管其他人想什么，就像被闪电击中。当这些感觉替代了有关我要做什么的迟疑不决的感觉时，我开始感到我足够强大来面对不那么完美的工作的风险。

我现在清楚地看到并听到我较年幼的自我，而且认识到他们的声音，来自我的童年期一个非常孤单和隔离的地方。在我的生命中，第一次了解到这么多年来，我所熟悉的那种尝试达到完美的解决方式是如何使事情变得更糟。我现在感觉到我是在负责照顾自己，“完全接受我自己”，带领我自己完成我的目标。现在我拥有工具和资源——我可以借助的东西和会为我工作的东西。

你是正确的：开始并完成一件有瑕疵的事情比坚持完美的幻想而不能完成这件事对我来说更重要。

自我的言语如何承担教练的角色

经验丰富的教练观察他们的运动员，决定他们要做什么，哪些习惯和信念将使他们作为个体和团队成员发挥潜能。（一些中学和大学的教练似乎相信，批评而且大叫的训练方法是无效的。关于转向你最强自我的言语方面的步骤，请见本书第四章。）

在大脑中保存“是的”模板：“是的……是的，当然……是的……那么现在我将选择应该做什么。”也就是说，在说“那么现在”之前，至少三次确认你自我的情绪、恐惧或信念，为离开过去和进入现在之间建立过渡。正式地说“我将会选择”，自我将对他的决定和他行动的结果负起责任。

注意：你没有在要求自我给他自己积极的肯定，以让自我感觉足够强大以掌控你的生活。你不想让你的自我以它有限的力量独自奋斗，尝试掌管你的生活。自我的言语和角色，开始转变为更强大和富于同情心的身份，来联合所有的部分进行团队合作。

在我的应激和时间管理研究小组讨论会中，我对我的听众说：“你如何带领一匹马离开燃烧着的粮食仓库？经过数百万年，马被训练为对火有一种深刻的、本能的恐惧。抽打或拉拽不可能使那匹马走出大火。你必须将马掉头离开大火，柔和地对它说话，温柔地轻拍，蒙上它的眼睛，然后它会信赖你的领导，并跟着你走出大火。”

如果你正在与一匹马——或者一直独自挣扎的你的某些部分——说话，你可以用经验丰富的训练者或者教练的言语进行对话，例如下列各项：

- 是的，你相信你一定是在独自地奋斗来生存并实现这个目标。是的，你当然不相信有其他任何人会帮助或者支持你。是的，你有许多理由来保护你自己并害怕敌人、问题和伤害。是的，你已经被沮丧、批评和攻击伤害。
- 然而现在我在这里；你并不孤独。来我这里，同你深层的智慧、安全和平和相连接。我永远不会放弃你。在这里你将总会有一个家。我会一直坚持站在你情感的这一边。不管发生什么，我不会使你感觉很糟。

- 我将选择应该做什么。我跟任何的朋友、爱人或治疗师比起来都更了解你所遭遇过的事情。即使你是焦虑的、不安全的和有缺点的，我完全地接受你并且爱你。

通过学会转变为你最强自我——保护者、谈判者、领导、老师和教练——的五个主要角色，你就会将你的自我感觉一直移转到一个更易扩展和更强大的身份上。在完成这四个步骤的过程中，你可能得到相同的顿悟，好像你在治疗或冥想方面已历经数年："我不仅了解我的想法、情绪和冲动，而且我现在知道，我还拥有观察自己情绪和初始反应的平静又明智的能力，而且能选择与我的较高的价值和目的一致的行动。我不再被我的初始反应、恐惧和较低级大脑的条件反射所控制。"

露丝：发现那个会为你生命抗争的自我

在露丝还是孩子的时候，她的身体和心理就因为性行为被虐待。她在绝望、自我憎恨和药品滥用中度过了她从 12 岁到 30 岁的时光。在接受数年的治疗和恢复之后，也就是 40 岁时，她来到我的办公室，希望可以寻求帮助来戒烟并结束被虐待的性关系。

在不到一年内，露丝使用这个项目帮助重塑她生活的强烈意志，使她能够断掉对烟草的依赖，而且开始她第一次健康的性关系。为了庆祝，露丝在夏威夷度过了一个假期——这是她四年来的第一次假期。在这个大多数人都认为是处于天堂的时刻，她看到与她过去痛苦之间的巨大反差，变得严重抑郁，而且企图自杀。

当沿着孤离的海滩步行的时候，露丝注意到一个男人正在跟着她。尽管她此刻有着深度绝望，她仍然感觉到一股被激发的愤怒从她内心涌出。当男人接近并尝试抓到她的时候，露丝转身踢他，并以重拳击打他，将他赶跑。马上，露丝深度抑郁和绝望的感觉消失了。当她跟我描述她的心境不可置信地迅速变化的时候，她说："我正要放弃我的生命。但是我的强大自我部分醒来了，而且准备好为我的生命抗争。我还发现这个部分挽救了我的假期——也许是我的生命。不管未来我会感觉多么的沮丧，我会知道我有一种力量，在危险的时刻为我的生命抗争。"

露丝不再受困于过去的经历所带来的抑郁。她现在知道她不仅仅只有羞耻和绝望，她可以轻松地拥有从深度绝望中转变的奇迹，她能够完全地接受她的最强自我，而且将会竭尽全力地保护她特别的生活——这种带着全部的伤痕、欢乐和挑战的生活。

有时，我们都需要知道，尽管我们会恐惧、缺少自信或者绝望，但我们可以使用将会为我们的生活抗争的最强自我。通过召唤这个相同的自我，每天——通过普通的失望、较小的损失和挫折——当面对严重的挑战或紧急事件的时候，我们确定我们能通向强大的、聪明的、有力的自我。

练习：从不良习惯和消极想法中解脱你自己

当你以教练的角色来保护你的身体和生活时，你想要打破不良习惯并与消极想法分开的承诺就顺手可得，轻松实现。至少，一天五次，花一分钟做下列的改编自赫伯特（Herbert）和戴维·施皮格尔（David Spiegel）的著作《梦幻之境与治疗》（*Trance and Treatment*）。

使用三段式呼吸，呼吸三次：

1. 吸气，在保持下巴水平的同时，尽可能使你的眼睛向上看，打开或关闭你的眼睑。

2. 当继续向上看的时候，保持呼吸。

3. 慢慢地并完全地呼气，让你的眼球向前看并向下转，同时专注于感受像漂浮物一样漂进椅子和地板之上。

你可能注意到，当你让你的眼睛放松时，一种深度的放松感流入你的身体。在三次呼吸中，每次都采用三段式呼吸，对你自己做下列陈述中的一个：

- 第一次呼吸。“这是我的生活和我的身体——每天为我工作 24 个小时，就像一个忠实的仆人。”（你能举起你的拇指象征这第一个陈述。）
- 第二次呼吸。“特定的习惯、信念、物质和关系对我的身体、我生活的全部精力和它的潜能来说是有害的。”（将你的食指和拇指放在一起，象征你的第一个陈述和第二个陈述的连接。）
- 第三次呼吸。“为了体验我充足的活力和潜能，我答应保护我的生活和我的身体，对抗所有有害的习惯、信念、物质和关系。”（将你的中指和你的拇指、食指连接在一起，并将它们一起握紧，示意一个坚定的承诺。）

然后当你呼气的时候，释放你拇指和手指的压力，并柔和地睁开你的眼睛。

每当你做这些陈述的时候，一同紧握你的拇指、食指和中指，你将再次扮演强大和保护性的自我角色并承担保护你的生活和身体的责任。你能指认特定的习惯（例如吸烟或过度饮食）和毒性物质（例如烟草和高脂食物）。已经运用这个练习的一个来访者写道：“当我发现我的手指紧握在一起时，对于帮助我感觉到支持和力量相当有效。表面上如此简单的行动却这么有力量，真令人惊异。”

第九章的练习：聚焦于你的全面自我 ▷▷▷▷

为了习得如何在其他竞技场内取得生理和行为上的改变，身体活动如运动、跳舞和武术被视为有形的象征。它们给你一个机会观察——在相对安全的环境中——你所关注的东西，诸如你的信念和情绪状态会如何影响你的目标达成。

例如，参与行走、远足、游泳或有氧运动，你会发现即使你的某一部分想要退出，你全面的、整合的自我也比你所能想象的具有更多的忍耐力。

非攻击性的武术如合气道或太极，将会提供即刻的身体反馈，告诉你什么时候你已经让外部压力吸引了注意力，因此你的身体已经开始远离平衡状态。当你的大脑被恐惧搞得心烦意乱的时候，为了恢复平衡，你要意识到你正挣扎着达到目标，或者你此时没有集中于现在的事情。在你的消极应对模式中的一种已经将你带入迷途之后，一个习惯性的联系将会提供方向把你带回来，帮助你通向你的全面自我。

在下列的练习中——改编自温迪·帕尔默（Wendy Palmer）的著作《自由的练习》（*The Practice of Freedom*）——你和同伴的立场彼此对立。合气道的创始人植芝盛平（Morihei Ueshiba）曾说过："合气道的秘密是使我们自己与宇宙的运动相协调，而且将我们自己带入与宇宙本身相一致之中。他已经掌握合气道的秘密，拥有自己内部的宇宙，而且能说，'我就是宇宙'。"

1. 聚焦于你自己——分开双足，左脚向前，同时膝略微弯曲，右脚向后，同时膝打直——然后让你的同伴伸直他或者她的右臂，向前推你的左边肩。

2. 注意你对压力的反应。这是你的起始的或默认的、防御的反应。你是否立即向回推，好像你的同伴是一个问题、敌人或障碍？你在压力之下崩溃了吗？没有判断，仅仅记下你身体自动的反应模式。还需注意占据你大脑的想法和影像。

3. 将你的注意力从在你的左肩（压力或者问题的象征）之上的压力，转移到你的髋部，你能从你的小腿、你的脚和地板中得到支持并与之连接的地方。注意：你将从你的身体和大脑默认的反应，移转到自我的较全面的感觉，一种被连接到来自你的身体之内和地板的较深层支持的感觉。

4. 你同伴的工作是保持对你身体的压力，然后很快地放松压力。如果你的注意力真正地集中于连接到你的内部力量和使命上，而不是对抗假定的问题或者敌人，你将会保持平衡。如果你的注意力集中于反对假定的问题或者敌人，当压力被放松的时候，你将会向前倒。记住，你的使命和你的内部资源应该比另一个人或你的初始反应更有趣。

5. 重复聚焦，更深地进入你自己和你后面和下面的支持，作为你的同伴要增加较多的压力然后放松。注意如何分布你在髋部、小腿和土地的支持上的注意力，如何从对抗压力移转到连接你内部较全面的力量和你的周围较深的支持。

当你聚焦于你最强自我内部的时候，你能更轻松地处理较大的压力。当你与宇宙和谐共存时，这些都不再是问题，而成为事实。

最强自我

The Fourth Step

第4步

唤醒自我的领导以实现目标

第十章　让你的梦想逐步成真

对自身功能以及重大生活事件的控制能力，是人性的根本所在。

——艾伯特·班杜拉：《自我效能：控制的练习》

当你在规划人生方向时，当你想让你的愿望实现时，你会在极大程度上使用大脑的计划功能和自我调节功能，以使你的愿望实现。当你计划并真正完成一项任务时，你会运用到自我领导的技巧，在研究者看来，这种技巧就叫做自我效能。

你感觉到自信，认为自己是有能力的，并感到满足并且拥有高度自尊感。

为了使你自己的生活有效运作，你必须使你自身各部分协调起来，建立一个真实的自我。把你内在的各种各样、相互冲突的声音想象成是一个委员会的成员，而你的自我则是强大的主席，它将会促进你内部决定的产生。当你召开一个“委员会议”时，你全身各个部分都会听到，你也会消除自我破坏活动、抵触情绪以及各种焦虑，以最大化达到目标的机会，同时获得内心的平静。当你处于管弦乐队领队或者指挥的角色时，你会把你自身整合成一个和谐的整体，而避免了对个别部分的过分强调。当你自身成为一个和谐的整体，你自身中最强的自我将会做最后的决定，尤其在某些没有预料或者痛苦的事情发生时。

在你行动之前，你会召集你自身内部各个委员会的成员参与，从而减小了阻抗和自我破坏。从共享的角度来看，团队中各成员的协作是相似的。当自我对与决策有关的风险负责时，自身的次要部分就会加强自我放松，减轻由于失误而得不到权威的认同所导致的焦虑感。他们履行着告知什么是生活所需的作用，你听到他们的声音，满足他们的需要以获得内心安全感，对于将要如何行动做出决策。

我如何从内心冲突转向内心平静 ▷▷▷▷

当我 32 岁时，我被诊断出患有不可治愈的癌症，在那之前，我一直认为我的思想、行为和处世方式是我自身不可变化的部分。比如说，我认为我的以下行为和习惯是正确的：我吸烟，我是一个工作狂，我没有耐心，而且我开车莽撞。我的未婚妻要我改变这些习惯，我就会抵制，甚至和她理论。我认为，她要让我改变这些习惯，不如让我变成另一个人。当我被诊断出患有癌症之后，为了使我自己活到 34 岁，我认定我的行为、思想和习惯应该需要改变了。从此我过上了一种新的生活，去诊疗室，无数次的药物测试，长达 8 个月的化疗，以及一些放射性治疗。

只有 10%的机会能再活一年，显然对我来说是一种折磨。我下定决心，不要让自己在恐惧中度过余生，也不要让自己被动地接受医生的治疗。我突然意识到，我要保护我的身体以及我的生活。保护性自我真的起了作用，在这种作用驱使下，我辞去了第一个外科医生，聘请了另一个医生，这位医生使用探测性技术发现我确实有了癌细胞的转移。我已经忍受了长达两星期的，本来认为没有必要的外科诊断，但现在看来它是必要的，这让我感到安慰。我并没有遵从我的医生的建议去做外科手术，我想这是正确的。

让我感到安慰的是，我逃脱了我自身中狂躁的部分，这一部分会在我有错误时给我自身带来罪恶感。我惊奇地发现当觉得自己不完美时，我害怕自己会愤怒（我把这部分自我叫做独裁者)。这是激活你最强自我程序中的第一个步骤。当面临未来几个月的化疗，如果我要获得内心的平静，我将会把这部分自我整合到更大的自我体系之中去。当我内部的领导者被激活时，我感到自己的任务和价值变得十分清晰。为了让我活得更久，我自身的各部分都必须与我的任务和价值一致。我身体内的每个部分，包括“独裁者”，都必须服从于我内心平静的价值观，从而减小我的压力，从选择中做出行动，而不必面对“你必须这样做”和“我不想这样做”的冲突。我不让“独裁者”威胁到我，从而使身体内某个部分感到不好，让我感觉到压力。

联合各部分成为一个整体

关于是否接受外科手术切除癌细胞，我发现那个认为用化疗而不是外科手术办法的医生的观点与我的观点不谋而合。他告诉我，在未来 9 个月里，每周我都得喝一定量浓度非常高的化疗用的药酒，在这之后的一年里，每个月我也得服用一次，以保证我体内的癌细胞完全被清除。

将我自身的每个部分围绕我的目标和价值观联合成一个整体，那是一个充满斗争的过程。当化疗这个想法日益影响我之际，我得选择什么应该放弃什么应该继续，这样我才能继续工作，才能忍受我的治疗，才能在晚上有精力和朋友谈天说地，才能继续写我的癌症经历。这个过程太长，我无法一个人承受。我需要把自身内部的更大的自我感觉联合起来，这个更大的自我感觉比我的自我以及统一我心理、身体和直觉的智力更为强大。我需要朋友和教授的帮助，以使我克服各种困难与挫折。

在 9 个月之后，化疗的剂量从每周一次降为了每月一次，在这个时候，我才能真正感觉到化疗的作用。每次化疗之后，我都认为自己是在未来两星期得了流感或者肺炎，在这之后，我的精力就恢复了，我能够漫步几公里，等待下一次化疗的来临，并周而复始。在这样的轮回之中我度过了 9 个月，有一天，我问医生："如果我停止了会怎样?"他告诉我，我应该继续接受至少 6～9 个月的化疗。但是，在诊断为癌症之后，我已经活过了 18 个月，这说明我有 90%的机会被治愈。

明白心中的"如果……会怎样"

那天晚上，我坐在卧室里，拿着一支钢笔和一叠纸，开始倾听来自我心中那个委员会的声音。我闭上眼睛，低下头，仿佛是想听到我内心的声音。我告诉自己，我要停止化疗，除非医生说服我继续下去。我思考着我是如何让我的身体度过这漫长的 18 个月的，也思考着违背医生的建议而停止化疗的风险。

我意识到，我不能只是因为我身体中的一部分不想承受化疗带来的痛苦而停止化疗。而我也知道，我不能只是因为另一部分自我担心不遵从医生的意见从而犯错误而继续化疗。不管我将选择哪一个方向，我知道我身体中的每个部分都为这项任务做出了贡献。

在纸上，我写下了如果我停止化疗，我的家人、我的医生以及我自己发现这是个错误之后，我可能会遇到的各种担心、风险、益处和批评。我想象各种可能的场景，并明白各种可能性，包括"如果癌症没有完全治愈会怎样"。面对这样的问题，我肯定会回答道："啊，那肯定很可怕！啊，那真是太痛苦了！啊，我可能会很伤心并且会哭……但是我不会让这些思想持续很长时间，我要为这个决定负责任，我能够在它的后果中继续存在下去。"

在这个委员会上，我意识到我身体中的"独裁者"在我一年半前做外科治疗时出现过，而且真正地被整合到我的更大的自我之中了。现在，几乎没有对做出错误决定的恐惧。现在，毫无疑问，我可以作为自己的最强自我，用来控制我的人生，减少在面对如果癌症没有完全治愈或者我可能会犯错误这样的情况出现时的自责。“独裁者”没有了，它被转化为我自身团队中有用的成员。并且，我真正度过了化疗的那 18 个月。那天晚上，在主席角色的位置上坐了一个多小时，我达到了自我整合的新高度。我心平气和地感觉到，在我做出停止化疗这个决定的背后，我有一个完整的团队支持我。

在下一次与医生的谈话里，他测试了我的决心，说道：“我要对你的生命负责，你不必做出这些决定。”若是在两年前，我肯定会祈祷有人或者外在的一些东西能够帮我管理我的人生。但是现在我可以大声地告诉我，我的委员会能够进行很好的自我管理。我现在处于领导者的位置，我可以很自信地告诉我的医生：“我可以考虑一下你的意见，因为我要为我的生命负责。在做出这些决定之后，我是死是活，也是我个人的事了。”

那天，我停止了化疗，开始写书——《回归健康之路：解决癌症带来的情感问题》。这不是一个夸张的题目，因为我已经接受了外科手术，长达 9 个月的每周一次的化疗以及接下来另外 9 个月每月一次的化疗。化疗治愈了我的病，现在是时候给我的身体一个机会。我的委员会和我都可以在做出这个决定后生存下来。

组建一个委员会以解决冲突

把你身体各部分召集起来开一个委员会可以在几分钟内解决你自身内部的冲突、无决断性以及焦虑感。你自身参与到这个委员会之中，作为这个会议的主席，你呈现你的观点与目标，邀请你身体的其他部分参与进来并提出各自的考虑，这样的会议比单纯内部对话更具有能量与效果。除了与你体内的焦虑与害怕作对抗之外，你听取并考虑你身体内部各个部分所提出的问题，批判性地采纳意见，让他们告诉你他们需要的是什么，从而达到你自身的协调。

我的一个来访者说这种内部的委员会议是一种家常便饭，

身体内各个部分提出特别的、独特的观点和考虑。她非常喜欢倾听内心中这样的声音："如果……会怎样"和"啊，但是如果我失败了会怎样"。她也鼓励身体中的各个部分带着激情、能量以及深切的渴望成为一个更大目标的一部分。

如果过去失败的阴影袭来，自身领导者的角色就会被调动起来。为了建立一个内部和谐一致的团队，应该用合作取代内部冲突，用积极地承担取代消极地顺从。下面这些步骤将帮助你指导你的委员会。

1. 舒服地坐着，闭上你的眼睛，试着去看到你的内部世界。想象一个会议，而你是这个会议的主持者。做三次深呼吸，让你自己完全漂进椅子的支持之中，放松全身肌肉。

2. 把你的目标、意愿以及任务告诉参与这次会议的身体各部分，让它们参与讨论并且一起工作。例如，你说："我想减掉20磅。我想每周坚持锻炼身体。我想改掉各种陋习，以使我健康地生活。在遇到各种问题时，我也不会暴饮暴食了。食物再也不是解决问题的好办法。为了达到这些目标，我需要你们的合作。"

3. 邀请你身体的各个部分表达他们的工作，他们所抵触的，他们所担心的。在任何一个会议中，你都会听到有些成员这样说："我已经尝试，但这个并不起作用，如果像上次那样放弃，你继续长胖，你沮丧，你讨厌你自己，怎样？"

4. 对于"如果……会怎样"的问题，你都回答"是的"（见第四章）。比如说，是的，如果那件事发生了，我会非常沮丧。是的，那肯定会非常痛苦。是的，那会非常可怕。但是我会选择接受它们，原谅我自己，向他人寻求帮助，并重新开始。如果这些事情发生了，我也不会让它们破坏我享受周末的兴致。我会计划着重头再来。我的整体计划就是，忘记已经发生的事，我不会让自己感觉到不好。

5. 问自己："你想从我这里获得什么样的信息，才能更好地合作与实现目标?"（通常的回应是，你必须作为一个领导者出现，因为领导者才能给予你自身以安全感，才能听从你的意志行动，才能保护你的成员不受批评，才能有计划地从失望和挫折中恢复过来。）

一旦你体内的最强自我发挥领导作用，它就能够给你提供五个特质——安全、选择、存在、专注以及关联，这五个特质取代了五种大问题，你身体各个部分都会在你的领导下团结协作。但是，经常的情况是，你需要多次的委员会议和简要的日常讨论，以使你的团队成员集中在你的任务上，使得身体各个部分更好地协作。

当然在一天中，你还遇到很多问题，如事情的拖延，困难而令人焦虑的挑战，还有你心中一些背叛的声音，你的独裁者，你所担心的事，还有周围一些奉承的人，你所害怕的一些东西。所有的这些问题都要求你在一天之内要花 5～10 分钟去开一个简短的会议，以使你身体各部分集中于你的任务和目标。你会发现，当你花几分钟的时间来对你自身进行整合时，你的矛盾情绪，拖拉的习惯，自我破坏等都会消失，你便可以更好地向目标进发。身体内部的协调将有助于提高你的能量和热情。当你把你身体各个部分召集起来团结合作之后，你会发现原本看上去无法消除的障碍就不见了。

有效的目标设定 ▷▷▷▷

在墨西哥的菩塔农场做了一系列的报告之后，我与一个家庭共享了晚餐，在晚餐后我打算谈谈如何有效地进行目标设定。这家人有一个 4 岁的女儿，叫做斯泰茜，她问我将要讲什么。我告诉她我讲的是如何让梦想成真。斯泰茜眼睛一亮，说道：

“啊，我知道该怎样做，当你发现天空中第一颗星星出现时，你就对着它许一个愿望，然后就去睡觉，第二天，你醒过来时，就发现愿望实现了。”

那天晚上，斯泰茜开了一个头，而这个开头也是我经常在演讲开头所说的。当我问她是否愿意在我的观众面前也讲讲这个对着星星许愿的办法时，她高兴得跳了起来。但关于如何有效地设定目标，她还增加了一条我遗漏掉的，那就是睡觉。也就是说，你应该让你的目标暂时脱离你的意识，让你的潜意识在你的睡梦中起作用。

你的意识和自我应该停止工作，学会从担心中解脱出来，以便使你的潜意识起到很好的作用。你的自我必须意识到，他是一个团队成员，他必须使这项任务变得更简单，更具有创造性，具有更大的快乐。你必须指导你的自我与身体的其他部分联合起来，当然包括你的潜意识和身体的智慧，以及你最强自我的领导者视角。

典型的目标设定莫过于你自我需求的东西以及新年的许愿。设定终极目标或者追求某种事物与在这之前停止只有一步之遥。没有自我的选择与承担责任，这样的需求最终会变成拖延、失败以及自责和动机的减退。

行为变化的准则

为了提升你达到目标或形成良好习惯的能力，有一种重要的工具，那就是明白行为变化的机制和可能性。你必须去了解游戏的规则，否则这样的程序对于你的希望、能量以及梦想来说，简直就是一个赌局。在习惯改变的这个游戏之中，及时的奖赏通常比长时的、模糊的奖赏效果要好得多，除非你有一个领导视角，非常强的责任感或者改变长期形成的习惯的策略。换句话说，没有你高级大脑的领导功能以及最强自我，改变一个长期形成的习惯或者条件性的反应是很难的。

如果你期望去控制你的习惯，那么你应该知道你的低级大脑的生存功能和习惯性行为是受即时的清晰的结果（奖励或惩罚）所控制的，如果没有你的高级大脑参与指导与规范，你不可能达到那种奖励效果长期而又模糊不清的目标。目前关于即时奖励的来源是数不胜数的，而这会占用你的注意力、时间和精力。从下表中，你可以看到那些发生的概率受到奖励或惩罚执行的接近性和可能性影响的任务、目标和习惯。

你行为的后果是什么？

任务、目标或习惯	及时的、清晰的后果	长期的、不清晰的后果	发生的可能性
改变饮食和增加锻炼	不舒服，自责，害怕	体重下降？健康？高自尊？	低
努力工作或学习	孤独，自责，受挫	涨工资？拿到 A？高自尊？	低
在工作中或学校里混时间	娱乐，紧张或害怕的减少	被解雇？拿到 F？低自尊？	高
看电视或浏览网页	娱乐，紧张或害怕的减少	体重增加？生病？低自尊？	高

你能预测到在未来 24 小时里，你会做什么吗？你敢和我打个赌吗？你会在未来的 24 小时跑 5 公里，在晚上 8 点之后就停止进食，倒掉垃圾筒中的垃圾，整理打扫客厅，布置你的卧室，或者学习税务知识吗？还是可能看电视，吃垃圾食品，查邮箱，打电话，睡一小会儿，或者看杂志？结果往往是，你会首先去完成简单而又令人立刻感觉到愉快的事情，而不会首先选择那些复杂而又没有及时回报的任务。

因为偷懒或者暴饮暴食产生的不良后果在目前来说很难看到，而且这样的后果也是不确定的，你可能被解雇，你可能在学业成绩上拿了 F，你可能体重增加 20 磅，但这些后果对你目前的决定没有影响。

所以，当你想消除负面情绪和不良习惯，你应该去了解“假如保持下去会觉得痛苦”的重要性。当你想去实现一个积极的目标时，你就得长时间地坚持，并且学会去一步一步地实现目标，同时，逐渐减轻你自身的不舒适感、孤独感和自责感。

为了增加你实现长期改变生活并提高满意度的目标的几率，你必须制定一个计划，考虑到在你实现这个目标的路途上会遇到的各种挑战。假如没有高级大脑的参与，可能的结果便是，你只会做这些事情，比如说吃零食，打电话聊天，或者上网——这些行为的后果就是能够给你及时的快乐，让你暂时脱离伴随着长期回报的困难任务的自我怀疑、孤独和焦虑等情绪。

为了实现你的长期目标，你必须面对你的恐惧，从现在开始行动——你必须消除由于自责、自我威胁、孤独以及压力引起的不适感，把未来的奖赏想象成就在眼前。把一个大项目分解为小的、连续的小步骤，这样也有助于减轻你的不适感，建立信心，给予你及时的满足感。为了在长达几个月或几年里坚持追求你设定的目标，你必须能够品尝、发现和抓住未来奖赏的一小部分，就像我在《现在的习惯：在尽情地享受没有罪恶感的玩耍中克服拖拉》（*The Now Habit*：*Overcoming Procrastination While Enjoying Guilt-Free Play*）中所写的。你需要在达到长期目标的过程中为每一小步成功奖励自己。你也可以把尽情玩乐加入你的时间安排表，这样的话，玩耍也成了一件合法的事情，你可以把它当成是在工作期间及时的奖赏。

让你的梦想成真：按阶段来 ▷▷▷▷

通过召开一个委员会议，你可以不再自我怀疑和害怕，通过各部分的合作，你避免了内部冲突和矛盾情绪，以使你能够全心全意地投入到目标实现之中来。你所学习的技术将会增加你实现目标的可能性，并会用最强自我而不是压抑的、抗争的自我来改变你的习惯。学会通过委员会将你身体的各个部分整合起来，这将有助于你完成我要在下面四章中讲的如何有效改变的四个阶段。这些基于研究的阶段将会增加你实现目标，保持健康习惯如经常锻炼身体和正常饮食的可能性。

如果你曾经尝试着减肥、戒烟，或者在新年之始许下愿望，希望能够锻炼身体和过上平衡的生活，你就会知道，反复地设定目标，然后失败是多么困难和烦心。在失败之后，你往往又会徒劳无益地责备自己太懒，没有动力，没有意志力。虽然建设性的自我批评是有好处的，但是自我责备常常会降低你的动机并且阻碍你从错误中学习，采取正确的行为。事实上，你的失败可能是在成功改变和实现目标的过程中跳过了一个十分重要的阶段的结果。

别失望。就算你以前尝试改变习惯的做法失败了，你仍然有希望。在过去的 20 年里，美国国家健康协会（National Institutes of Health）以及行为医学和健康心理学都曾经研究过如何才能达到和保持健康的目标和习惯。政府和学校的研究者们表明在四个阶段中成功改变是最为重要的。如果跳过了这四步中的任何一步，成功或者进步的几率都会降低。

他们研究中提到的阶段改变法，可能不简单，但更具有预测性、易懂性和可行性。对来自几个国家的人群的研究发现，那些按照阶段改变者能够改善饮食习惯，增加锻炼身体的频率，并且能够成功戒烟。我把他们的模式运用到了更广泛的治疗目标中，如减肥、提高效率、克服拖拉、提高体育运动中的技巧和音乐演奏水平。

请记住，你比那些只运用身体的一小部分来适应新习惯，消除不良生活习惯的人更具有优势。你已经发现你的最强自我不会等到你身体中的一小部分感到自信或有动力了之后，再去进行积极改变。当你把你在唤醒最强自我过程中所学习到和练习到的东西与有效改变阶段结合起来，你会发现目标实现又处于一种新的可控阶段了。你的最强自我，而不是你那个受压制的、胆小的自我，整合你的意识和非意识资源，并指导你在更加快乐和充实的生活中实现你的梦想。

结合目前的研究，我改编了改变的四阶段（见图 10—1）。

第一阶段：下定决心（第一个，也是前提阶段）

第二阶段：承诺改变

第三阶段：付诸行动

第四阶段：保持长期成功

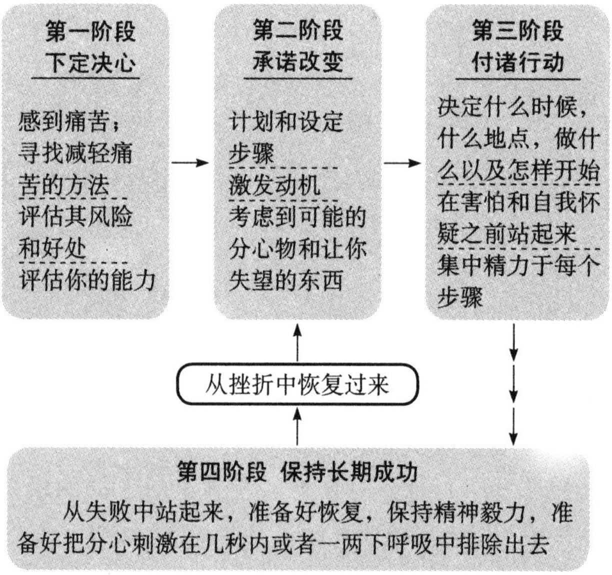

图 10—1　有效改变的阶段

有效改变的第一阶段是让你评估改变的优点和缺点，在你决定是否以及什么时候开始改变你的习惯之前，降低你的自我怀疑，建立自信和激发动机。那些无法实现长期的习惯改变的，通常是忽略了第一阶段，在这个阶段里，你会建立起自信，并且相信自己确实有解决问题的办法。无效的过程通常也是跳过了第四阶段，在这个阶段里，你应该准备好从挫折中重新站起来。很多研究表明，为了成功地改变你的习惯，你需要投入时间到目标实现之路来（第一阶段和第二阶段），并且要有一个计划，考虑到在目标实现过程中可能遇到的挑战（第三阶段）。这些研究也表明，为了长期地保持好习惯，你必须为挫折做好准备，从头再来（第四阶段）。按照改变的四阶段，你不仅可能达到你的目标，而且你还可以从失败中很快很好地恢复过来。

不管你的梦想是为工作而接受几年的培训，还是戒烟，或者是买你的第一幢房屋，或从威胁生命的病痛或事故中生存下来，这四个阶段对你——或者你的自我或意识——独自应对这些重大的挑战非常重要。为了更好地生活，有时，仅仅是为了生存，你得组织你全身心的各个部分，去支持你的意愿。你需要在你最强自我的支配下，整合你的左脑和右脑，你的意识和潜意识。在这些过程之后，你会运用你的领导者技巧，保证你身心各个部分都成为你的意愿的一部分，并且为其贡献。

第十一章　第一阶段：下定决心

世界上没有任何一样东西比没有完成的任务更让人心力交瘁。

——威廉·詹姆斯

下定决心听上去很简单，但这正是你可以考虑不去改变的第一个阶段。你不必做出任何改变，你也不必相信你有能力克服长期形成的不好或者过时的思维方式。你目前的状态可能是最舒适的，也是最令人满意的。而且在这个时候，你也没有必要对你的生活做出一些改变。如果继续这样生活下去，你不必担心诸如戒烟、修理房屋或者改变你的饮食习惯等等事情的截止日期。那是你的选择，你得为这些选择负责任。是你，而不是你体内害怕的和矛盾的部分，对这些结果负责。

为了完全选择一个长期的、需要花费精力的任务，比如说减掉 20 磅体重或者戒烟，写一个宏大的计划，你必须让你自己知道你不是被强迫这样做的。只有这样，你才会相信自己做了一个非常符合自我的决定，而不是简单的必须做什么和需要做什么。你的自我不必想做那些让你的最强自我难以选择和执行的事情，比如说保证身体健康，维持你的工作或者避免税务部门的追债。当我们说“我没有选择”时，往往暗示着我们不愿意面对做出选择的后果以及不能接受可能出现的变化。我们——或者说我们身体内的独裁者和批判者——要求我们按照自己所想的方式行事，并且时时给我们以威胁：“如果我没有得到我想要的东西，我会感到十分恐慌。我不想去寻找一份新的工作或者与新的伙伴合作，我也不想放弃我喜爱的食物和习惯。”

我们的选择并不常常是简单的或让人愉快的，但是我们的最强自我可以让我们在不考虑疑惑、抵抗和来自内心的一些害怕的情况下，做出这些困难的决定。我们可以选择外科手术或者化疗，把病毒排除于我们体外，我们也可以坚持锻炼身体保持身体健康，增强抵抗力。人类可以克服人性中兽性那一面，可以克服对火的害怕；同样，人类也可以展现其人性的一面，面对困难，有一个崇高的理想，而不是寻找一时之欢，享受一时之乐。

警告：犹豫不决是非常危险的！

当我对自己的体重不满意，而又不做出任何行动时，我就会反复地责备自己，这样我就会更加不快乐和感到无助，然后吃更多的糖和零食来消除这种不良情绪。当我越感到不高兴、孤独、受挫和烦躁，我就越会自责，马上寻求一种减小痛苦的即时方法。最通常的方法便是喝酒，吸烟，坐在电脑或电视前数小时吃掉大量零食。在这些情况下，我一般都不会出去散步，去体育馆健身，或者吃一个苹果来缓解我的不良情绪。

那是在最强自我成为自我的领导者之前，我解决问题的方式。但是现在，我明白如果不改变吃零食的习惯，我就会在五年内长胖 10～15 磅。如果我在未来五年里，仍然不采取任何措施的话，我又会增加 10～20 磅，并且让我显得更老。同时，锻炼身体对于我来说，将变得更加困难。我需要在一年内减掉 20 磅，这是我的愿望也是我在新年伊始许下的承诺，但是我的实际行动却少之又少。我知道我想要实现这个目标，但是却无法忍受在达到目标之前长期而艰苦的过程。因为坏习惯带来的负面情绪在几个月或几年内都不会出现，所以我很容易地认为我的饮食是很好的，我需要这样的饮食。当然，我完全忘记了这些饮食曾经给我带来的体重烦恼。

为了能够长期坚持锻炼身体，尽量少吃糖和喝碳酸饮料，我得学会如何去处理要做到这些所给我带来的不舒服的感觉，而不是不理睬它们。我知道我的行为受即时奖罚的影响而不受长期奖励的影响（第十章“行为变化的准则”谈到此内容）。为了让良好的习惯战胜不良习惯，我必须克制即时的满足。同时，我必须立刻感觉到继续这样的坏习惯会给我带来痛苦。

练习：想象五年已经过去了，你仍然保持原样

想象一下在未来五年中仍然保持原样。想象一下五年已经过去了，你回顾这五年里发生了什么。你对自己说：“五年已经过去了，今年是20××年，我现在有××岁。在过去五年中，我的生活没有一点改变。我仍然在为相同的目标而努力，面对相同的问题，住在同一地方，做着相同的工作，面对同样的人际问题。”现在，请回答下面的问题：

1. 对于你目前的状况，你有何种感想？

2. 在五年的时间里，什么是最需要得到改变的？写下你最需要改变的东西，并记下做出这些改变需要多长时间（例如，三个月，六个月，或者一年）。

3. 回想这五年，你是不是仍然面对着和你之前相同的问题和目标。如果你在过去的五年里没有做出改变，想想你在未来五年里，继续这种生活模式，会有哪些负面影响。你愿意继续增加10磅体重，增加你患心脏病或癌症的概率，或者失去活力吗？你还愿意为相同的目标做同样的工作，然后感到十分挫败，对自身也不满吗？

4. 找出生活中妨碍你做出改变的东西。记住，你不应该老想着要改变什么，也不应该老想着应该做出什么行动。你只需要知道你想要改变的意愿。你仍然处于第一阶段，下定决心，去面对改变可能带来的风险和好处，并想好你是否为第二个阶段做好准备。

对未来的痛苦有一个清晰的愿景

对未来痛苦的预测会促使我们面对目前的问题，以避免未来的不愉快。这个简单而不愉快的事实在我和我同事的实验中得到了证实，那时，我们正想增加我们写研究计划的产量。如果在截止日期之前没有完成相应任务的话，给予的惩罚便是罚金 20 美元，这种方法有一点作用，但是作用不大。如果一个月内我们没有完成一个主要项目（如写完一篇论文的其中一章，缴纳上年的所得税），我们就得在某个周六花 3～5 个小时去打扫朋友的房间，这种方法是有效的。

关于未来痛苦的清晰印象可以加强我们直面目前恐惧和矛盾情绪的决心。这种方法对任何情况都适用。令人惊奇的是，每个参与者都在一个月内高质量地工作了 40～60 个小时，而不是花 3 个小时去打扫别人的房间！当我们想看电视而不是做摆在我们面前的工作时，周末我们要去帮别人打扫房间的意念就会激发我们工作，而不是懒懒散散。

两个任务看上去都不那么令人愉快，但是我们的大脑会比较这种不舒适感的程度，然后选择那个不舒适程度最低的任务。我把这种策略叫做创造性拖延。如果我在我所要做的事情上拖延的话，我就会面临另外一个更大的、更让人不愉快的任务，并且把它放在我任务清单的首位。然后我发现自己在这个任务上开始拖拉，但是可以更快地完成任务表上的其他任务了。

如果你缺少动机或者自信怎么办？▷▷▷▷

感到无能为力并且对你实现目标的能力感到没有自信，这很容易导致挫折、拖延以及低自尊。缺乏动机和自信并非人类的常态。它是一个信号，说明你的身体和心理能量受到病痛、重复的失败、社会阻碍或对于达到目标的无效计划的损害。即使你身体的某个部分并没有做好准备改变，你也可能感到，你需要从意识层面上或者潜意识层面上做一些改变，来改善你的生活以及为他人创造一个好的环境。尽管按照清教徒的观点，人都是懒散的，所以我们受到威胁或者被迫地去努力改善自己的生活，但人类本性中的一部分让人们去学习更多的知识，实现更多的目标，达到更高水平的自知。

目标设定、动机、对新知识的渴望以及自我掌控的欲望都是人类的本性，这就像是婴儿要离开爬行的舒适环境，去接受用自己的双脚站立和行走的风险与刺激。人本心理学的奠基者马斯洛曾说道："我们需要一个有意义的工作，这是人类的本性，在这个工作中，你能够承担起责任，这个工作更具创造性，你得到的待遇也是公平合理的，你所做的也是值得的，你也愿意把这个事做好。"换句话说，我们愿意提高我们的精神和健康水平，改善我们的居住环境和社会环境，这些都是人类的本性。当你看上去缺少动机时，肯定是有什么东西阻碍了你的本能驱动。在这里，我们列举了一个最主要的障碍，它可能就是在改变过程中，你对自身以前的一小部分自我无法准确定位，所以你也低估了你作为一个强大的、整合的自我所拥有的资源。

你的大脑生来就是有效的梦想家和积极的问题解决者。当你成功地实现你的目标时，你知道自己身体内那个最强自我发挥了适当的领导作用，它指导你渡过了无数的障碍和自我怀疑，并且实现了你的意愿。

安吉拉：在第一个阶段缺乏信心

当29岁的单身行政助理安吉拉来到我的办公室时，她已经参加了三个控制体重的训练计划了，但是都失败了。她现在依旧暴饮暴食，也没有减掉那多余的45磅，仍然有患糖尿病的危险。这些计划无法让她有效地应对日常工作的压力，面对她那苛刻的老板，以及照顾年迈的母亲和年幼的妹妹。暴饮暴食成为她减小压力，让自己感到舒服的唯一方式。我们可以理解这一点，她没有足够的自信，她不敢再去尝试一种新计划，因为她害怕这种新计划也不会改变她那长期形成的习惯。但是她心里还是愿意尝试一下。

所以在我看来，安吉拉要在实现她的目标之前，寻找到另一种健康的方式去减小压力，消除内心冲突、自责感、压抑感以及与更大的支持系统的绝缘。她需要唤醒她体内的最强自我，并获得安全、选择、存在、关注和关联这五个特质。我告诉安吉拉，在开始改变之前，应该首先唤醒你的最强自我。这样的话，她就不会重回以前的模式，让她自我的一部分去单独工作，实现目标。

听到这里，安吉拉开始消除她内心的对于重新尝试减肥和改变应对压力的破坏性方式而再次遭遇失败的恐惧。在五个阶段之后，安吉拉学会了唤醒她体内的最强自我，并且学会认识到她应对压力、失败以及孤独的一贯方式。然后她准备好了启动新的四阶段改变法，在启动四阶段改变法之前，她已经充分地整合了自我，并且让自我的各个部分协作起来。我们使用几个问题，以帮助她在启动新的计划之前下定决心。在本书的后面几章，你可以看到安吉拉如何使用四阶段改变法，执行她的计划并达到了她的目标。

帮助你建立自信和自尊的问题

安吉拉和我一起设定了几个简单的问题以考察她的自信水平。在回答每个问题之后，她给自己一小段时间观察自己的反应。你也可以做相同的事情，改变方法以适应你的目标。我以暴饮暴食为例，在这里把它当成是一个很难改变的习惯，因为就像你很难停止吸烟一样，你也很难改变暴饮暴食的习惯。要吃得正好合适，你一定要关注你的内在情绪，你从内心深处是否接受这样的信息，而不能只看外在的表现。

要实现积极的改变，必须先得让她下定决心。在一个阶段里，我让安吉拉和往常一样，想吃多少就吃多少，不做任何改变。她只需要去观察一下她怎么吃的——就像平常人一样，不受饮食的困扰——不需要经常性地看自己吃了什么，仿佛自己在节食一样。然后，她开始问自己以下的问题：

问题：我能够意识到在两周的时间内，我仍然喜欢暴饮暴食，喜欢甜食和高脂肪食品吗?

回答：是的，我喜欢不用去刻意改变而承受压力，但我相信我意识到了这点。

问题：当我意识到自己仍然在暴饮暴食时，我能够停下来并做一次深呼吸吗?

回答：是的，我认为我能够做到这点。

问题：当我在深呼吸时，我能注意到头脑中的暴饮暴食的想法吗?

回答：是的，我想知道怎么处理这件事。

在两周内，安吉拉都注意到关于食物以及暴饮暴食的想法，她也把她想到这些时的情绪反应记录了下来。她注意到她经常的情感——焦虑、压力以及孤独感——立刻又让她想吃喜爱的食物并且计划着什么时候开始暴饮暴食。她说："我没想到自己会如此频繁地想到食物，'吃'的声音就像一个巨大的信号闪过我的大脑。当我头脑中出现这些想法时，这些信号就像是随机噪音一样，在一天中随机出现。除非我的家庭搞得我很沮丧或者感到孤独，否则很容易忽略掉这些想法。"

在回答这些问题时，安吉拉实际上在问她身体内那些担心、害怕的部分，这些小步骤能不能在没有痛苦、失败的恐惧或者感觉到压抑的情况下被采用。她发现她身体内的一部分会说："是的，我能够去做到这些。"如果她对于这些问题的回答是"不"的话，我们就会提出一些更小步骤的问题。通过写日记的方法可以让安吉拉明白什么时候她会想到暴饮暴食。她说："当我紧张、孤单，或者有压力时，我容易暴饮暴食，我需要一个人或者什么东西来安慰我，就像是一个安全毯。我给我的朋友们打电话，但是她们对安抚我的焦虑已经感到厌烦，她们其实也不好过。她们一部分人在谈恋爱，但是她们仍然吃很多垃圾食品。"

安吉拉发现，在她集中精力于成功的小步骤，并且能够控制自己的情绪和自我怀疑之后，她的信心提高了。她为自己设立了能够很快实现的小目标，并给予自己积极的反馈，在后面更加困难的步骤上，她的信心也逐步提升了。我所说的对于她而言，确实有效了。

- 信心、动机与行动的决定无关。你不必等到你的自我感到自信了，有动力了，知道了所有东西后，再去为实现你的目标而行动。

- 通过本书中的训练，以及把你最强自我中的五种特质运用到你的生活中来，你就能学会提高你实现目标几率（例如，减肥，戒烟，或者写一本书）的技巧，克服你的自我中的不自信。

从第一阶段开始：认识你的目标、意图以及梦想

当我引导安吉拉开始进入有效改变四阶段模型时，她立刻意识到为什么她以前进行改变的努力最终失败了。因为在开始努力之前，她没有改变她的角色或者说角度（唤醒内部最强自我），她没有保证她身体内各个部分都支持她的计划（第一阶段），她也没有准备好从失败中恢复（第四阶段）。他们简单地期望她以同样的旧的自我角色和有限的处理技巧，从旧习惯一下子跳到新的健康的习惯。

我提醒安吉拉，在这个新的程序中，她仍然处于第一阶段（下定决心），她有几周的时间来决定自己是否愿意为这个决心负责。她现在的任务是让她自己弄清改变的原因，分析一下如果在吃饭和锻炼的习惯上保持原样可能存在的缺点和优点。这个时候，是她建立信心的阶段，她认为自己能够改变也可以实现她的目标。

我要求安吉拉与自己做一个约定，告诉自己在至少两周内不能开始改变。目前，她只需要观察、注意和记录她在想要暴饮暴食或者她身体中的一部分想要暴饮暴食时最初的想法和渴望（见附录A）。就像是唤醒你最强自我的第一步一样，四阶段改变法的第一个阶段就是要让你认识到你的最初想法和问题的模式。

你唤醒的自我有特别的工具

如果你对自己是否能够实现目标仍然缺乏信心，可能的情况是你只让身体内的一部分管理你自身，让你去实现目标。当你身体内的一部分自我努力管理你的生活时，他就会感到压抑

和负担过重，你也不能相信他能够克服可能遇到的困难与阻碍。使用你有限的自我，脱离了你更大更强的自我，将会容易使你选择旧习惯去暂时地减轻你的压力和沮丧。没有与你更大更强的自我联系起来，去设定你的意愿，规范你的行为，并保持与你的意愿相一致，整合你全身各部分去达到你的目标，你就会感到孤独，觉得傲慢自大。

但是，如果你运用了你的最强自我，在改变四阶段的第一阶段里，你就会召开一个委员会议（可以从第十章中看到），在委员会里，你可以提出各种的“如果……会怎样”以及你的不自信和矛盾情绪。虽然你可能已经唤醒了最强自我并且对积极的改变表现出了兴趣，但我仍要提醒你，你只是完成了第一阶段。而这保证了你已解决自我怀疑的问题，因此可以避免你在目标实现过程中的自我破坏行为，而这些行为都是由于你体内某些部分害怕失败或者太叛逆、太挑剔。然后，你才会保证你身体内各个部分都为改变做好了充分的准备。

运用你的最强自我，你才能保证你的行为能够与你的意愿和目标相一致。运用最强自我的五种特质，你就会发现已经有健康的习惯代替你以前不好的习惯、过时的处理方式以及自动化的反应。记住，你拥有五种特质去清除你的主要障碍：

1. 用安全代替压力、担心和焦虑。

2. 用选择代替矛盾情绪、犹豫不决、拖拉和内部冲突。

3. 用活在当下代替自我压抑。

4. 用集中注意力代替自责。

5. 用与智慧、激情和你最强自我相联系代替不必要的努力和隔离。

第一阶段的练习：激发动机的问题

用几分钟的时间快速地在你的笔记本上写下下面五个问题

的答案，并在几天后再来看看这些答案以及你会做哪些补充和改变。

1. 如果你知道做出这样的改变会提高你的生活质量，你会在哪件事情上做出改变？

2. 为了提高你的快乐感、内心平和度以及满意度，你觉得你要在哪三个方面做出一些改变？

3. 为了显著地提高你的自我满意度和自尊，你需要改变哪三种习惯或生活模式？

4. 在实现你的目标或改变你的习惯之前，哪三个问题或疑惑需要你首先去解决？

5. 为了改善你的生活，提高你的自信，你将会在今天做到什么？

关于最后一个问题，我的来访者给了我以下的回答：

- 提前 30 分钟睡觉。
- 关掉电视。
- 在吃饭之前喝上一杯水。
- 工作结束回家之后就换上运动服。
- 买苹果并把它当成零食。
- 花五分钟的时间什么也不做。
- 提前五分钟去上班或者参加会议。

用一周或两周的时间来观察你改变你的习惯或者实现目标的动机水平。回答任何一个带有矛盾情绪的问题（如果……会怎样?），把你自身放在主席的位置开一个委员会议，联合你身体的各部分支持你更高的任务和目标。然后，你就可以进入第二阶段，即承诺改变。

第十二章　第二阶段：承诺改变

习惯并不会悬在窗台上让你去拿，它们都嵌在楼梯的每一台阶上。

——马克·吐温

在有效改变的第一个阶段，你分析了如果保持原样的风险，用健康的习惯代替不良习惯的缺点和优点。现在，应该从被动消极地期望目标实现转变为积极地承诺让它发生。在第一阶段之后，你决定改变你的习惯，并获得实现新目标的技巧，你也认为这对于你的心理、身体以及情绪来说，都是有好处的。

花费一定量的时间去完成第一阶段的任务，最大的好处便是，你有机会建立一个实在的期望，知道如何让这个程序为你服务。你不会期待着有奇迹能让你马上减轻体重，或者让你立刻停止吸烟。你从经验中知道，没有一个计划对你来说是完全适用的，除非你去适应环境。你也知道假如你下定决心去实现目标的话，没有一个计划会不为你服务。

如何在第二阶段中获得成功 ▷▷▷▷

在第二阶段中，你已经准备好了去表述你想改变的意图，通过实验进行一些小的改变，并制定了采取行动的日程。在这个时候，你应该做出一个清楚的、明确的表述："我已经安排好了准确的时间，我何时能够停止吸烟，能够每天都锻炼身体，能在我的三餐里面加入更多的蔬菜，而不是高脂肪食物。”在这个阶段中，你准备好去体验健康的习惯，并以此取代自动化的反应，明确你潜在的需求，而不是低级大脑的条件反应。

你的理想——例如，我想减掉20磅的体重，是对你未来想达到的状态的一个表述，但你并没有说要做些什么，从什么时候开始做。你的理想或目标也没有告诉你，当你遇到自我怀疑、压力、分心物或者障碍时，你应该怎样继续保持你对目标的承诺。你的身体和大脑需要一个有效的领导者，明确你的意愿和计划以使你梦想成真。

在这个阶段里，你可能体验到一些小的成功的步骤——比如说在晚上9点之后停止进食，每天花15分钟计算你的所得税，把吸烟量从两包减少到一包——并记录当这些改变发生时你的思想和感情状况（见附录A)。然后，就像唤醒你的最强自我的第一步一样，你得识别出容易让你在承诺上分心的那些特殊的征兆或渴望。你不能在这个阶段中失败，因为你仅仅还在收集信息。就像是从另外一个星系来的人类学家，你得试着去了解对于地球上这些俗人来说，改变不良的习惯，最大地发挥个人潜能，需要做些什么。

你若在原有模式上实施一个小小的变化，观察这样的小小变化需要多大的决心将非常有趣。既然你已经承诺为你的生活做一些改变，你头脑中会出现什么？如果你是被迫这样做的，你又会有怎样的感受？如果你决心走到大街的尽头，中途不停止，你的注意力将会被什么东西所吸引？当你路过面包店、鞋店、衣服店、比萨店或者酒吧时，你的步伐会减慢吗？你若要义无反顾地奔向你的目标，你就需要有一个明确的意愿（在第八章中提到的你会准备什么），心理预演（在本章中提到的你要完成什么），以及行动的计划（在第十三章中提到的在第三阶段中你会完成什么），最后还有在失败面前保持长期成功的计划

（在第十四章中提到的在第四阶段中你会完成什么）。

心理预演：克服障碍的计划

关于有效改变的阶段研究表明，计划或者在大脑中有一个蓝图对于成功地实现习惯改变有关键作用。它们的作用就像山的顶峰对于运动员的作用一样。为一个大型的比赛做准备，运动员会在他们的心中预演一遍：在某个时刻，他们应该怎样做，他们应该怎样从一轮比赛的失败中恢复过来。也许最重要的是，心理预演包括培养处理来自外在和内在的诸如“放弃吧，你已经输了”的信息所需要的精神毅力。当你有了精神毅力，你就会发现你自己很快地把注意力从失败的信息转移到你的意愿上来，并知道为了最大化地实现你的目标你应该做些什么。

为了准备实施行为上的一点小改变，你得进行心理预演，就像第一章所说的那样。在这种心理预演当中，你确认最初的两到五秒内发生在你身体、情感以及认知上的反应。这将有助于你克服可能出现的倦怠和条件化反应。在心理预演中，你是自己电影中的主角。你从远处观望你的生活，感觉到你每天在过的日子，也看到一些令人沮丧的事件以及你的反应，然后你就可以从中选择采取符合你的目标的行动。

当你把你的眼睛靠近你的心灵时，你会发现你能更加清楚地看到你身体内部、你的情绪，以及你人生道路上可能遇到的挑战，这时，你能进行最佳的心理预演。当你准备好练习不用原来逃避的方式处理你遇到的压力情景和令人沮丧的情绪时，你就会找到解决对未来挑战害怕的办法。当你预演推迟几秒钟做出反应，你就给了自己另一种选择，而不是寻找令人感到舒适的食物或你的信用卡以消除不舒适的反应。你在跟你的大脑和身体进行对话，你已经足够强大了，可以直面生活，可以很舒适地生活，而不是像以前那样，从恐慌和不舒适中逃离。

对你一天生活的心理预演包括为失败的推销电话、老板或者顾客的过分要求、对健康状况的担忧，或者另一种情景触发的你想回归到旧习惯的想法做好心理准备。在你条件性逃离反应——如寻找一支烟，吃掉一袋油炸圈饼，或者上网冲浪——之前，你得把你这些想法或情绪消除。

吸烟、暴饮暴食以及拖拉这些习惯只是用来暂时地缓解痛苦、失落以及焦虑和低自尊。它们不应该当成是自责的理由。它们是这样的信号，你有自我接纳的潜在需求，这种需求要求你从这些外在的东西中解脱出来。当你唤醒高级大脑和最强自我，去创造计划和做出选择时，你会意识到，有一个成熟的自我而不是分离的自我，能够管理你的生活，直面你的恐惧，并且提供给你满足你需要的健康方式。

使用心理地图绘制你的进程

心理地图能够帮助确认我们在通常用分心物来逃离厌烦、孤独或者愤怒时的想法和感受。拿我举个例子吧，当我感到沮丧时，我通常的反应是去当地一家咖啡厅喝一杯咖啡或者吃一个糕饼。我身体中的一部分发现这样做会有一种怀旧的满足感，我也不会去管这样做会导致的寿命缩短和长期的负面影响。

我已经非常熟悉从我大脑中闪现过的字眼——“我可以喝一杯咖啡，吃一块松饼或核仁巧克力饼”——我宁愿把时间用于吃喝，也不愿意去面对文章、令人不愉快的电话或者一个项目。当我被电脑问题搞得很沮丧或者被迫拿起电话清单为顾客提供服务时，我就容易寻找这种方式来自我安慰。我体内的一部分自我拼命地想要在一个远远超过我控制的世界感到自己有能力。他想行动起来，并获得奖赏，而不是感觉到无力。他的渴望便是“至少我能养活我自己，我可能无法控制我自己，或者我的医疗保险，但是我可以买我想买的东西，吃我想吃的糖，也可以在外面玩几个小时”。

我已经意识到这样的想法是属于我同情的另一个人的，这个人很容易受现代社会的刺激和影响。但那不是我——他仅仅是过去我无法完全认识的自我。现在，我可以轻松地把安全的自我转移到我的身体和生活中来。这样的角色让我充满能量，能够让我放下那些对我身体、生活以及目标实现有害的物质、习惯以及恐惧。我还发现，想象我的身体和腰部都在喊叫着“哦，不要垃圾食品，我已经承担了过多不必要的饮食，请不要对我发脾气，也不要让我（再次）失望了”，会对我帮助很大。

当你休息时，在咖啡厅里享受一杯咖啡，或者偶尔沉迷于你喜欢的冰淇淋和蛋糕，这些都是完全没有错的。当这些成为你的习惯，并且没有乐趣可言时，就成了一个问题，因为这仅仅是让你没有罪恶感。然后，它变成了逃避的行为——逃避其他东西的一种方式——而不是让人称赞的休闲方式。我对自己生活的意愿是，享受高质量的没有罪恶感的游戏，享受食物而不是狼吞虎咽，对于我的工作没有矛盾情绪。总结一下，那就是我想尽量地在最强自我的控制下生活。当你自己成为生活的主人时，你就会有一个强大的而且具有魔力的意愿在你面前，你也知道自己什么时候偏离了你的意愿，好让自己调整过来。

为什么结构比规则效果更好。当我写一本书或者准备一个例会时，我会依靠我的行为结构来减少我的逃避反应以及消极习惯，这样的话，我就不会看不到我的意愿。我使用的行为结构之一就是关掉电视，把电池从遥控器中取出来。我可以看电视，但是现在我意识到我要选择这样做。当我为自己设置这些障碍之后，我就能很好地利用我的时间，看电视就成了合情合理的、没有罪恶感的休息，而不是让人感觉到罪恶的拖拉。像这样的行为结构，就可以帮我腾出多余的时间去做重要的任务，而这对于我来说，也不是一种规则，这让我感觉良好。

对于我来说，规则暗示着你自我各部分的冲突，其中一部分想控制你的另一部分。就像你在前面所了解到的，高级大脑做出的决定可以解决你内心的冲突。你可以训练你高级大脑的执行、选择、集中注意力的功能，这种训练可以让你的各部分协作一致，这比规则更加重要。用于开电视和寻找遥控器电池的时间和精力也可让我有一个健康的选择（例如散步，写书的下一章，付账），而不是仅仅按开遥控器的开关。这不是规则，而是人的本性，即我对一些食物、事件以及地点和人都没有控制感。这就像是我的自我变得谦卑，没有能力，如果我想充分实现我的潜能成为一个完整的人，必须承认这得依靠更高深的智慧。

在彼得·潘的世界里，他想飞离地面，否认他的人性。并预言到："我永远不会长大，我永远不会长大。"但真实的自我会接受人类的真实缺陷和人类行为的后果。这就意味着，我不能把带有黑巧克力的冰淇淋、薯条或者点心带到家里，并让自己相信这些东西可以至少在家里放上 24 小时，然后我就可以达到身体健康的目标了。当我那分离的自我起作用时，否认的冲动和我就欺骗自己相信，没有行为结构，没有锻炼，我仍然可以实现我的目标。但是，人性是最强自我对人类精神激励的崇拜以及对当我与内心深处自我相联系时所取得成功的感激。

当你易于陷入有问题的习惯时，什么样的行为结构或者阻碍会给你提供一小会儿的时间，让你思考和选择怎样做？一个想戒烟的来访者逐渐地把他的香烟移得越来越远。另外一些人则把自己的车停在离公司或停车场几个区那么远，然后下车走路。一些简单的障碍，例如把点心多包几层，会让你在打开袋子取食物时很费劲，这样便降低了你暴饮暴食的频率。

练习：设置心理地图。在头脑中想象对于你来说有压力的一天，想象你经常会遇到的挑战：当你在值勤时交通状况不好，你有一个严厉的老板，一大堆紧急的电子邮件，电脑出故障，你家给你打电话说家里的问题。计划一下，你将要对自己说些什么，你用什么来阻止你立刻用喜爱和习惯的方式来解决问题。

使用你的心理地图来设定你一天的安排，并想到哪些事件会让你偏离你达到目标的轨道。你的地图和计划将会以文字、短语和图像的形式呈现出来，并帮助你进行自我矫正，加强你对自我意愿的承诺。在平常的工作日设置心理地图可以让你集中精力于你的目标，并且对分心刺激保持高度警惕。

1. 闭上你的眼睛，想象你在一场电影中，而这场电影的背景就是你充满压力的一天，注意到那些让你分心的事件、情感、思想以及人物。

2. 记下在你工作或上学的一天里所发生的让你觉得难堪的事，如迟到或者没有准备，考察它们是如何让你回到你以前的不健康的习惯的。

3. 确认在这个过程中所出现的令你沮丧的情绪，如被一大堆工作所累，这些情绪如何让你容易使用分心物作为逃脱的方法。另外，注意在空闲时的正面活动，如擦鞋、洗澡时洗掉身上的泥。这些动机往往暗示着你在逃脱某些任务，也意味着你更加不愉快。

4. 确认自己一些担忧的想法，例如，“如果老板不喜欢我在这个项目工作，我丢掉工作怎么办?”，“我受不了我的工作，我再也不想干了”。注意当你听到内心这些声音时，你是否会使用一些不健康的、回避的方式。

5. 准备好其他的想法、图像、短语以及行为，用它们来取代沮丧的情绪、想法和对事件的反应。运用你在第四章学到的五种特质和第八章中的集中练习，以及下面的安吉拉的例子。

心理地图让你认识到通常的一些分心物，并把它们控制在意识之下，而不是让它们把你带回到原来的旧习惯中去。这样一来，这些分心物就会像窗外的汽车声或者头顶飞过的飞机，成为背景噪音，而不会影响你的注意力了。你的心理地图告诉你吃东西、吸烟、不停地查邮件这些习惯已经过时了，不会引起你更多的注意了。通过训练，你可以用最强自我的五种特质取代以前的想法和习惯性的行为，并能真正地满足你的潜在的需求，并且消除避免你坏情绪的强制性行为。

安吉拉：考察她在第二阶段的计划

在第十一章你会发现，在第一阶段里，安吉拉用了两周的时间去发现她害怕失败的心理是如何产生的，考虑做出改变的缺点和优点。在让她的自我感到舒适和有动力之前，她已经唤醒了最强自我，这让她消除了自我怀疑，并让她集中注意力于她做出每一步小小的改变后的成功。

在第二个阶段开始之前，她将以人类学家的身份出现，研究人类如何保持与改变他们的习惯。这样的角色可以让她从一个观察者的角色去观察她的习惯性反应，帮助她减少自我责备和沮丧情绪。她只是简单地观察人类这个特殊群体在面对有意思的宗教和迷信时的一些反应。为了按第二阶段的指南行事，安吉拉决定做一下试验：在晚上 9 点之后停止进食，寻找增加走路和爬楼梯的方式，调整习惯改变的计划。这些没有压力的试验让她能够让自己知道她多久就会想到食物，即使在她不饿的时候。她发现这有助于让她把过度饮食和对食物的渴望看成是多余的、过时的习惯，也不会让她疯狂地寻找食物。而且，她也发现，如果她告诉自己为了在第二天早上进行血液测试，她应该禁食 12 小时，在晚饭后，她就很容易不再吃东西了。

在安吉拉完成第二阶段的前两周任务之前，她发现自己已经不会常常想到食物和吃东西了。这样的改变让安吉拉更加相信，在不久的将来，就如她所说，“我的生活将不再完全是食物了，我也不必再想到这个了”。她也把自己的这种想法加入到当她实现这个目标时的未来宏图中来。在这个试验阶段，在调整习惯改变计划的同时，安吉拉也练习了唤醒她的最强自我，等待从她潜意识中出现的奇迹。这样一来，她感到自己与身体内聪明的部分联系起来了，她不必单独地承担这项任务了。她练习如何从担心和忧虑中解脱出来，并思考自己如何表现得更好。要实现这个目标，她的潜意识必须带她超越自我怀疑和有限的问题处理能力，把她变成经常锻炼，不吃高脂肪食物的人，就算是吃东西，也是为了营养与健康，而不是用食物来控制情绪。这时，她的潜意识可能就会帮她想到创造性的问题解决方案。

每当自我怀疑产生时，安吉拉就会握紧她的拳头，屏住呼吸，然后深深地把气呼出，把手掌向上摊开，对自己说：

- 如果今天我没有暴饮暴食，那将会是多么有意思的一天。
- 如果我能够做到晚上 9 点之后不再进食，那将是非常惊奇的一件事。
- 我在期待奇迹出现。

抛开担心，期待奇迹

抛开担心，期待奇迹出现，这是人性的另一表现，说明你的自我没有在孤军奋战，而是将他与更深的智慧联系到一起，并得到了支持。当你担心时，你会把你的拳头握紧，你的眉头会紧锁，你也会屏住呼吸。你呼出气来，把手掌向上摊开，同时耸耸你的肩表示：“担心已经离开我的手掌了，我准备好了迎接奇迹了。”

当你练习着抛开担心时，你会对你的高级大脑能帮助实现你的目标以及保持你的承诺感到十分期待。你会说：

- 我期待着今天不会发脾气。
- 关于如何兑现我的承诺，实现内心的平静，我十分感兴趣。
- 我期待着自己启动一直回避的任务，关于如何做我有一个清晰的想法，所以，看我自己如何开始，从不知道到知道，这是件有意思的事。
- 我期待着这一天里我不会吸烟。
- 我期待着兑现自己的承诺，保护自己不受坏习惯和物质的侵害。

这些想法可以告诉你的潜意识马上开始工作。这也标志着你的自我或者有限的自我正打开心胸接受支持。抛开担心，期待奇迹出现也让你知道，你的意识并不可能时时起作用，也不可能单独地完成大的、重要的任务。

每个目标都在不远的未来，例如，在未来 12 个月里减掉 45 磅，完成一本书的写作，完成大学学业或者马拉松训练和参加比赛——这些都需要让你回到当下，你的身体和意识应该知道从什么地方和什么时候开始。在下一个练习阶段，你有机会看到你未来成功时的情景，也会学习到如何将关于未来成功的景象与目前的行动联系起来。

练习：想象五年已经过去了——感受一下改变带来的好处

就像在第一阶段中想象五年之后什么变化都没有所带来的痛苦的作用一样，你可以在这个阶段想象一下，如果你做出改变，你的生活会变得有多好。想象一下，在你完成唤醒最强自我的这个阶段之后，五年过去了，许多不可思议的积极变化发生了。对你自己说："这是20××年，我已经××岁了，在五年前，我决定从我的角度出发，做出一些重要的改变。今晚，为了庆祝我的成功，我决定和我的朋友开一个庆功会，我想告诉他们我的历程。"想象在一个理想的房间里，你和一堆新老朋友在一起，思考以下的问题：

1. 思考一下五年前你是如何开始的，你最初是采用了什么方法开始最重要的改变。告诉你的朋友，你是如何开发自我，在行动上进行改变，现在又是如何获得新的角色，让你能够有效地掌控和指导你的生活。

2. 回想在你走过的这五年中，你克服了哪些困难。你应该对以下进展表达感恩：在这五年中所学习到的东西，为了实现你理想的健康水平、经济状况以及良好的人际关系，你所做出的改变。表达你对自己获得内心平静和自我满足，以及对你成长有帮助的新老朋友的支持的感激。写下你想要告诉朋友的你的这五年的生活历程。

你的大脑等待着你做决定

你开始实施改变生活计划的决定会与你的低级的、战斗还是逃跑的大脑进行沟通。"我不会逃跑，我决定解决问题，我期待着来自我右脑以及潜意识的创造性的问题解决方法。"你的大脑会在几秒内对创造性方案做出回应，似乎在说："如果你真的下定决心克服以前的恐惧，你的大脑就会从压力反应驱动转变为问题解决驱动。我会在10～20秒内回到你的身边，给你提供一些创造性的意见。"

开始一个改变的计划就像爬一座山一样，你的肌肉会运动起来，你的呼吸会随着海拔高度而调整，当你登上一个新高度时，你会看到新的景色，有新的视角。在这个过程中，你的身体力量得到了增强，你的忍耐力也得到了提高，新的景色和发现也会激发你的好奇心和动力。爬山在最开始时可能会很困难，但当你的身体适应时，它就会变得容易一些，当你克服困难最终到达山顶时，你会感觉良好，因为你看到了最美的风景。然后你会发现，其实你能够比你想象中做得更多，做得更好。

你身体中的一部分可能还记得过去一些自我破坏的行为，比如说狂吃点心、看电视或者给前任男/女朋友打电话。但是，如果在几天或者几周内你都没有回到原来的处理模式上，你就会逐渐建立自尊和自信。当你开始一件令人沮丧的工作或者开始向你的目标进发的时候，你会明白紧张和焦虑是难免的，但你可以控制它们。

练习：你的目标所拥有的能量 ▷▷▷▷

在你开始第三阶段——付诸行动——之前，评价一下你目标的强度，以及这个强度是否能够保证你采取有效的改变并成功。如果你觉得目前无法做出承诺，请重新阅读一下第十章和第十一章，记住，是你最强自我做出改变的决定，而不是你的自我。写下三个目标，使用下面的量表，看看你的准备程度是否充分。这里有几个例子：

- 我打算在一周内的六天里，每天步行 30 分钟。
- 我打算每天吃 3～5 次的水果或蔬菜。
- 我打算写书的下一章节，计划每天至少写 30 分钟。

1. 我决定在未来两周内改变我的生活，我的习惯，我对自己的感受。

非常不符合	不符合	有一点符合	符合	非常符合
1	2	3	4	5

2. 我知道何时、何地、做什么以及如何做，来开始改变我的生活和习惯。

非常不符合	不符合	有一点符合	符合	非常符合
1	2	3	4	5

3. 我已经承诺在未来两周内在某个特定步骤、特定时刻开始改变。（写下你要开始采取行动形成新习惯的具体时间。）

非常不符合	不符合	有一点符合	符合	非常符合
1	2	3	4	5

4. 我计划好了如何去处理分心物、不自信以及缺乏动力。我明白自己每天会像磁铁一样专注于自己的目标。

非常不符合	不符合	有一点符合	符合	非常符合
1	2	3	4	5

评分

16～20 分　用一到两周的时间进行一些小的改变，然后你就可以进入第三阶段了。

12～15 分　在进入第三阶段之前，你还得复习一下第十一章所说的内容（“想象一下五年已经过去了而你还是保持原样的痛苦”），在这个阶段中，你会考虑到保持原样的负面后果。使用安吉拉“帮助你建立自信和自尊的问题”，逐渐地让你自己相信你有能力进行改变。

4～11 分　如果你重读第十章和第十一章，将会对你有帮助。你可能需要教练、咨询师或者支持者的帮助，以应对你想进行正性改变的矛盾情绪，了解要克服根深蒂固的习惯需要什么东西。

没有必要等到你的高级脑做出决定后再去追求你的理想。

如果你已经完成这一章和上一章的练习——即在上面的测验中高于 15 分——你就充分准备好了，你可以充分地去开发你的潜能。在你开始行动之后，你便会感到更高的自信。

第十三章　第三阶段：付诸行动

问这个问题：这种方法会要你用心吗？……不用心的方法是不可能让你觉得享受的……另一方面，需要用心的方法是容易的；不这样的话就起不到效果。

——卡罗斯·卡斯塔尼达：《巫士唐望的教诲》

欢迎来到第三阶段——付诸行动，这里没有空间让你优柔寡断，信心不足，消极期待目标，或者制造借口。在这一阶段，你要开始将你的领导力收回来，并且让你的内部团队聚焦在要做的事情上。你的全部注意力都要集中在你当前的行动上，同时你未来的目标和吸引人的设想将日复一日地推动你逐步前进。

假设你在拍一部电影，这时候就该轮到导演喊“开始”了。排练和尝试已经属于过去。这就对了，在这一天，你将开始用行动来除去旧习，并引进新的习惯。就在这一天，你要扔掉所有的香烟，倒掉冰箱里的冰激凌，买来蔬菜和水果，下班之后，一进家门就尽快穿上你的运动鞋。你正在行动的过程中，在这一阶段，行动的过程比你的目标更为重要。

在第三阶段选择一个用心的方法 ▷▷▷▷

卡罗斯·卡斯塔尼达（Carlos Castaneda）的巫士唐望（Don Juan），告诉我们达到目标的方法并不唯一。他说，当你达到目标时，你会发现还会有其他的方法可以达到这个目标。

所以，选择一个用心的方法，彻底地拥抱它，“体验在穿过它全长时那巨大的安宁与愉悦”。他的话极有可能表明了这样一种智慧：目标不等于方法，也就是说，不是目的地，而是路途本身有其价值。所以，选择一种方法，不是因为它能导向你的目标，而是因为这种方法本身能将你与真实的自我带到一起，并且将你的各个方面铸成一个强有力的、整合的团队。在这个路途中，通往你目标的每一步，每一个小小的成功，都将成为动力，使得你越来越容易远离那些分心的事物，而把你的行动与你更高远的理想结合在一起。

你将发现在改变的所有步骤中，最容易的就是第三阶段，因为你已经对你的承诺下定了决心，并且澄清了你的设想。你在此时此刻努力着，为了更加接近你的目标，有目的地专注于每天要做的事情。但是，你仍然会预料到一些分心的事情，还要从消极的期待转变为积极的承诺，并将目标与行动结合起来，这一转变初始会有一些顽固的阻力。

付诸行动的障碍：惯性与恐惧

最初，任何形式的改变都是困难的，因为你面对的是这样一条物理规律：休息的部分倾向于保持休息状态，而行动的部分倾向于保持行动状态。停留在休息的状态是舒服的，但对你的健康和长久幸福却可能是危险的。为了改善生活，我们必须在体验激动与安定的因素之前，先经过不舒服的第一步，来克服惯性。在达到更有效的巡航速度之前，我们必须换掉发动机的低档。

改变并引进新的生活习惯的方法同样如此。在最初的几分钟、几天，或者几周之内我们可能会感到不舒服，对此我们必须做好准备。我们必须有一个清晰的设想，一个具体化的将要做什么的计划，而且这个计划要告诉我们，当我们偏离既定过程时如何回来。

除了惯性，我们生活中付诸行动和进行改变面临的另一个主要障碍是各式各样的恐惧：对失败的恐惧；对成功的恐惧；对批评、尴尬和害羞的恐惧；对自我仇恨和自我惩罚的恐惧。这些恐惧常常以这样的形式表现出来："要是我（又）失败了会怎么样？如果他们不喜欢我所做的怎么办？我是不是让自己变得很可悲？"就是这些声音阻止你从今天开始，行动起来走向更加健康、充实、满意的生活。但这些声音也起到了一个简单的作用，提醒你需要一个改变的计划，来应对你认为危险的情况。这些声音同样需要一个改进的方法来替换掉那些无效、错误的应对方法，那样的方法总让你在拖延和其他坏习惯中停滞不前。那些"如果……会怎么样"的担忧，要求你唤醒你的最强自我来提供富于同情的接受。

建立行动计划 ▷▷▷▷

行动计划——在这个计划中，你要写下什么时候、在哪里、你要怎么样来完成目标行为——帮助人们增加健康习惯比如健身出现的频率。在《英国健康心理学》（*British Journal of Health Psychology*）杂志发表的增强健身动机的研究结果表明，在想象中对行动步骤的模拟越是具体，"激发有目的行为的可能性就越高"。这就是说，在心里预演（在心中想象一个画面）你准备做什么，并具体到什么时间、在哪里、你将怎么样去做，将会增加你开始行动，走向你的目标的可能性。不论你的目标是锻炼得更多、吃得更健康、戒烟，还是对紧要事项坚持不懈地努力，这一结论都同样适用。

练习：通过问题加强你的行动计划

未来几个月的计划与想象，你担忧的想法和"如果……会怎样”的声音，变成了你最强自我的很好的助手。不要再用罪恶感和它们的大声叫嚣来折磨自己，它们可以简单而平静地通过如下问题，来加强你内心的心理地图，并使得如何实现你的目标变得更加清晰：

1. 你想什么时候开始为实现你的目标而行动，写出日期和时间。

2. 你从哪里开始？清楚地写出时间和地点，记下你需要从这个地方清除出去的任何分心的事物。

3. 你打算从做什么开始？为晚饭买蔬菜？在饭前散步 30 分钟？还是计算去年的所得税？

4. 你打算怎样实施目标行为？你会去健身房吗？你会在图书馆或邻近的咖啡店写作吗？你会在晚饭时先吃些沙拉和额外的蔬菜吗？

5. 当你要做出决定的时候，你怎样提醒自己集中在目标上？你会怎样记住买水果和蔬菜而不是买增加肥胖的食品？你会怎样提醒自己去锻炼身体？

6. 你怎样做来遵守自己的诺言——对于自己在晚饭后或者晚上 9 点之后不再吃东西的承诺，对于你每天旅行或者工作十小时还要锻炼身体的承诺？

建立行为目标声明

一个行动计划给你清晰的行动步骤，这个步骤能够通过你每天反复问自己“我什么时候开始我的目标?”而总结出来。和我一起克服拖延的来访者把这个问题在他们的办公室和家里贴得到处都是。这个问题使得他们选择一个时间和地点：“我要在早上 8 点钟，在我的电脑前开始干上 30 分钟。”这个清晰的回答表明了有效的领导能力，并且告诉他们的身心有效的领导力具体在何时何地出现，然后开始。它取代了旧的错误的想法：

“我不得不完成一项很大的工程，而那是我宁愿不去做的”，这种想法唤起的当然是拖延，而不是动力。

为了让你的目标变得切实可行，就要把它用清晰的，可以量化陈述的行为描绘出来。你应该知道什么时候你在实施目标行为，而什么时候你达到了目标。写下一个可以测量的目标，一个截止日期，以及为了达到它你每天要做的行动。

目标声明的范例请见下文：

目标：我要减掉 20 磅。

截止日期：6 个月内。

日常行动：吃水果和蔬菜而不是糖果和曲奇，或将每天的卡路里摄入减少到每天 500 卡路里（相当于每周 3 500 卡路里），并且一周 3 次去健身房锻炼。

目标：我要降低血压。

截止日期：3 个月内。

日常行动：每周散步六天，一次 30 分钟，或者每周 3 次在健身房做 45 分钟的有氧健身。

目标：我要完成我著作的第四到第六章。

截止日期：6 个月内。

日常行动：每周工作 15 小时，在工作日每天平均工作 1 小时，周末每天 5 小时。（注意：当发现在你一周内投入 15 个小时似乎是不可能的时，记住美国人在一周内平均要花 30 个小时甚至还要多的时间看电视；许多看上去难以实现的目标都可以通过每周投入 15 小时来完成。）

现在写出你自己行为目标陈述的三部分：

目标：______________________________

截止日期：__________________________

日常行动：__________________________

练习：为了成功启动你的头脑

有一个清晰的行为目标陈述能够极大地增进这样的可能性：你可以为了取得进步开始具体的行为。不过这个小小的附加练习会满足你对情感联系的需要，它会在通往你目标的道路上支持你。当你每天开始着手实现自己的承诺时，得知并不是只有你才这么做，这种感觉是很好的。这个练习会把你过去和将来的自我连接起来，再加上你最强自我的同情与智慧，你的旅行会变得更加愉快。

想象你在舒适的剧院里，这个剧院的电影屏幕被分成三个部分。在看这三个部分时分别用三种呼吸——吸气，屏住呼吸收紧肌肉，然后呼气——你在剧院的椅子里轻飘飘地躺着。图13—1帮助你把三部分的电影屏幕可视化。当剧场房间的灯光暗下来，一束光照亮了屏幕的左边板面，这束光以一种表现你现在状态的颜色出现。

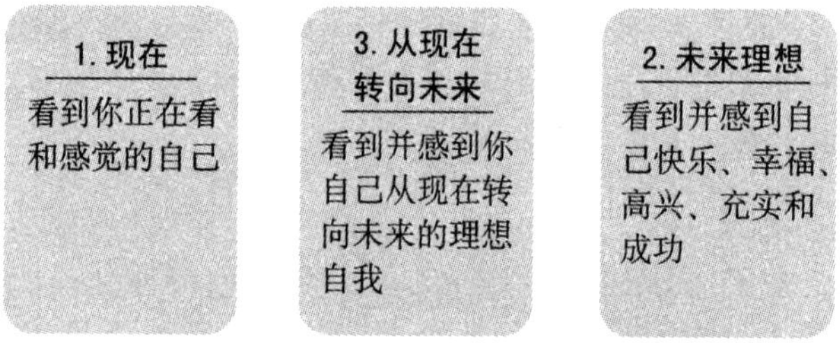

图13—1　为了成功启动你的头脑

1. 看到现在的自己。从头到脚地看到自己，正如现在你在电影屏幕左边所看到和感到的。无声地与屏幕上的那个人交流，虽然他看不到你，但你置身其外，提供同情和理解。你比任何人都了解这个人正在经历的，还有他希望达到的梦想与目标。要让这个人知道，尽管有现在的问题和以往的失败，你对他的一切完全接受。写下你想与现在的自己交流的内容。

花一点时间暂时和现在的这部分你说再见，知道你们将保持彼此相联并一直可以回来。当屏幕左侧的光暗下去，一种新的颜色，代表着未来的、理想的你的颜色，照亮了右边较远的屏幕。

2. 看见你的未来的理想自我。想象你自己幸福、健康、快乐、充实并且成功。用你从现在起几个月或者一年之后的样子来看和感受。无声地与那个人交谈，说你在这里用同情与理解支持他，并为他的成功喝彩。不管如何，你比其他人都更了解这个人为了达到生活中的这一点所经历的。让这个人知道你完全地接受他。写下你想和未来的理想自我所交流的内容。

花一点时间暂时和现在这部分的你说再见，知道你们将保持彼此相联并一直可以回来。当屏幕右侧的光暗下去，一种新的颜色，代表着你在向成功转变之中的颜色，照亮了屏幕的中央。

3. 想象你自己处在从现在到你未来的理想自我的转变之中。把你自己当成每天都在努力，承诺全新的健康习惯的自己来看待和感受。和这个人无声地交流，告诉他你用同情与理解支持他。不管怎样，你比其他人都更了解这个人在每天的行动中所面对的挑战。让他知道这不是一段随意的旅程。让这个人知道你已经看了这部电影的结尾，而且你知道他会达到这一点。这个人只需要简单地面对每一天，在走向充实、愉快自我的过程中行动。写下你想要和在转变中的这部分自我交流的内容。

花一点时间暂时和现在的这部分你说再见，知道你们将保持彼此相联并一直可以回来。屏幕中间的光暗下去，然后房间里的灯慢慢亮起来。

4. 你发现自己舒适地坐在你的椅子中间，被你的过去和未来支持着，并与转变中的你连接在一起。你的行动在你最强自我的保护与领导下进行，并运用它最高的视角和最深的智慧。

当你走上旅程，开始一段将你的设想、目标和行动与你想要成为的自己相契合时，你将怎样把这样的角色与观点带入你的每一天？

掌控你的习惯 ▷▷▷▷

父母通常会告诉孩子，要想获得开自己家汽车的权利，就必须得到更高的分数，而且会对孩子所表现出的巨大学习动力感到惊讶。这个切实而明确的目标，尽管还有数月之遥，却能够激起以前忽略的对任务的专注和动力。比这更显著的是那些想在需要许多年的教育与培训的领域（比如医学）工作的学生所表现出来的坚韧。他们的回报——完成学业、声望和收入——通常要在10～15年后的未来才能实现。与此同时，他们必须面对的是学习数学、生物、化学的艰苦，同时还会丧失和朋友的娱乐。

追求有一定距离的目标的人，必须确保他们不会养成通过电视或零食奖励而放弃的习惯。为了保持一个习惯，他们依旧要给自己一些奖励，但只能在面对困难投入了15～30分钟之后。那些对坚持长期目标感到舒适的人告诉自己，只要又朝着既定的目标迈出了一步，就会有一种成就感。他们是慷慨的自我领导者，他们会奖励进步而不是惩罚错误。而且他们能够清楚地勾画出自己在10～15年后所扮演角色的图像。他们能够品味它，看到它，感觉到它。他们使得目标对现在的他们来说是真实的。他们就像已经达到目标一样生活着，而且感到自己就像他们将要成为的专家一样。

对坚持的奖励

我的来访者中有些想要降低血压和减肥，但他们20年来，就连花上 5 分钟多时间来散步或者慢跑都做不到，因为“这太难了，而且我觉得一天结束时太累了”。我告诉他们，肌肉纤维的热身至少需要 6 分钟，到你开始消耗脂肪前还需要 6 分钟。在你最初 6～12 分钟有节奏的散步之后，这就变得容易了。因为每克脂肪中含热量 9 卡路里，而每克蛋白质和碳水化合物含热量 4 卡路里，一旦你开始燃烧脂肪——大约运动 12～20 分钟之后你将急需能量，这被叫做“第二阵风”或者“跑步者高度”。另一个克服前 6 分钟惯性的原因是，活动你腿部的肌肉能够让血液回到心脏，所以你不必活动得太猛烈。这个给你自己时间来热身的原则同样适用于其他目标行为，比如写作或为考试而进行的复习。它包含了将你身体和心灵的智慧与期待惊喜的原则连接起来的特质。

一旦你在心里给自己一个想要完成任务或解决问题的蓝图时，就要开始寻找线索，来逐步实现或凑齐解开谜题的碎片。这本书的每一章都有主要概念的提纲（或者蓝图），并且包括丰富的如下范例：当我准备在我的生活中干点别的事的时候所遇到的。当你在头脑中给自己一个想要把自己生活塑造成什么样子的蓝图时，你的头脑就开始“预热”它的线路，去寻找完成这个工作所必需的材料。并不是只有你的自我在孤军奋战，来完成比如写一本书或者减去 45 磅这样的高难度任务，而是由你大脑和心灵的许多部分合作来完成。

安吉拉：在第三阶段中采取小步骤对待绝望感

当安吉拉开始第三阶段时，她已经花了一个月的时间应用“唤醒最强自我”这一计划，来帮助自己寻找新的方法应对压力、焦虑和孤独。在学习转变自己观点的最初的一个月中——此后的另一个月，她通过有效改变的前两个步骤开始行动——安吉拉从无望感、低动机、低自尊转到真正相信自己，相信自己在生活中有能力做出显著的改变。现在她准备好在想法、态度和行为上努力，以帮助她停止狂欢，增加锻炼，减轻体重。

在启动第三阶段的最初30天里，安吉拉减去了5磅，而她甚至没有正式地节食，也没有觉得自己受到了太多限制。在第二阶段，安吉拉的尝试表明她能够在晚上9点前停止吃东西，能在出差时走路10～20分钟，而不是坐车，并且享受每周三次去健身房。她发现在其他计划中学到的技巧——比如记录下她吃了什么，在每次饭前喝水，在每餐之后刷牙——同样帮助她减少不自觉地吃得过多的倾向。不同的是，这一次，所有的技巧和策略整合在一起，成为她确立自己新习惯这一新能力的一部分，明确了哪些是错误的应对压力和不安的反应，并用健康的习惯取而代之。

有时候，安吉拉发现早上起床很困难。我提醒她，她已经从“唤醒最强自我”这个计划中学到了一个主要技巧：关注你能做到什么，而不是你所控制不了的事情。把想法从目标上转移开，因为目标通常是在将来的，而且很难达到，想想现阶段你能够做到什么。

控制习惯来减少压力和困扰

一种治疗绝望感的行为主义疗法是“取得小步骤”的成就。如果你觉得早上从床上起来太困难，就不要想“我不得不减掉45磅”，或者“我不得不完成任务清单上的30件事情”。只是把目标定在动一动脚趾上，并且把被子掀开。如果你成功做到了这点，试着把脚放在地板上，然后站起来。一旦你完成了这个，走上几步去卫生间，奖励自己一个热水澡。注意抛开任何想要回到床上的想法。然后想一想早饭再穿好衣服。即使你觉得不想去工作，也让自己到房子外边去，在街道上走一走。当你的身体在活动中苏醒过来，并且充分地呼吸，你就有机会感到好一些，再为下一步做什么做出一个更好的决定。

专注于你能够做什么，并为朝着正确方向做出的每一步努力而奖励你自己。学会这样说话："很好，我开始了。"对你感到悲伤的那部分表示同情，并且欣赏你已经做到的事情。这一原则同样适用于商业。如果你在做销售，把成功定义为打电话，而不是完成交易。一旦你打破自己对于打电话的抵触，你可以继续努力提高自己成功交易的概率。如果你是个学生或者作家，专注于什么时候你能开始在任务上努力 30 分钟，而不是完成 200 页初稿这一难以实现的想象。

应对绝望感的情绪部分可能更加复杂，通常需要心理治疗，但你可以从用自我接受取代自我批评这一点做起。有效率的领导者和自我领导者，知道如何奖励朝向正确方向的每一步。当你确定了什么是正确的做法，你就给了头脑一个什么样的行为应该重复的图像。批评会造成混乱，因为它仅仅是惩罚，却没有指出应该做什么。正如肯·布兰查德（Ken Blanchard）在《一分钟管理者》（*The One Minute Manager*）中所说的，"抓住那些正确的做法"。

抓住正在正确做事的自己

当你正在通往目标的道路上行动，一些小小的自我批评可能会出现，比如你应该更早一点戒烟，早一点开始清理三年来的所得税情况，或者在几年前你还年轻时就开始锻炼。你可以告诉你独裁的批评者："停下！我正在为了改变做自己所能够做到的。我正在付诸行动。我正在取得进步。而且尽管我有不完美之处，但我接受自己的现状和自我，接受我是谁和我现在所处的地方。”

倾听你自己的每一个部分，对引起你优先考虑的需要提供接纳和理解，从而有助于消除对于垃圾食品和垃圾解决方法的大多数渴求。你的自我接纳以及你一直学习使用的工具，给你在面对压力、丧失和失望时的新的应对方法。不要为此感到惊讶，如果你接受自己和你的处境，确实会让你的强迫性行为放缓，达到一种你不再觉得需要抽上一根香烟，或者来点曲奇，或者逃离困难任务的程度。

在未来的 24 小时的某个时刻，你会刷牙——甚至你还会用牙线剔牙。在你的下意识和身体的支持下，你将会做出一系列健康的习惯，而并不会感到需要把它们当成一种困难或负担。你要让它们成为自觉的、健康的、默认的模式。对于你更大一点的，或者看起来更困难一些的目标也同样如此。你正在行动让你的目标行为成为日常程序，而这是能够成为自觉的。在下一章中，你将通过从退步中恢复并保持住你的进步，来完成有效改变的四阶段计划。

第十四章　第四阶段：保持长期成功

需要的是什么？是应对让目标行为如此困难的障碍的自我效能。具有自我效能的人能够想象成功的情景，在他们进行了丰富的尝试并且克服了在行动过程中的困难，从而得到积极的结果之后……他们看到更多的方法并且尝试更多的策略。

——拉尔夫·施瓦茨尔：《认知干预》

让我们想象，在这本书中你学到的概念和练习已经激起了你的动机，去改变你的生活，并把你带进积极习惯改变的最初30天之中。你已经学会如何在几分钟之内找到原有的行为模式，并用健康、有效的选择取而代之。你已经从旧有的恐惧和破坏性模式中解放出来，并逐步开始将你的梦想转化为现实。你要开始对更频繁的锻炼感到舒服，每天专注于最紧要的事项，吃健康的食品，并在你最强自我的信念下生活。

在你继续锻炼你的大脑的执行功能的时候，你将感到对你生活的方向更有控制感，并且更少地从你的路径和承诺中分心。你完全有理由觉得更有力量、有效率、有信心来对你的生活做出变革性的改变。但也许在你的头脑背后有一个被压制的担忧，你或许会问自己："是的，但是如果在从现在起的30天后有几个不怎么样的日子，然后我又退步到我的坏习惯之中，我该怎么办呢？"第四阶段要回答的就是这个问题。在这个改变的最后阶段，你将会学到一些练习，帮助你保持你的新技巧，哪怕你经历一个短暂的下降，进入到古老的求生模式之中。你将会学会如何从倒退之中恢复过来，以及如何增强你的能力，转变为更加意识到你的唤醒了的最强有力的自我。记住，下降并不标志着游戏对你来说到了尽头。不如说，下降标志着你已经取得了短暂的成功，并且现在是时候回到基础，并使用那些工具、案例和你对来说有用的练习，来创造长期的成功。

从退步之中反弹：第四阶段的关键

你不需要像一个算命者一样，预言在未来 30～90 天之中会有什么事情将要发生，从而把你抛回作为暂时安慰来源的旧有的习惯之中。这些事情可能是：某些东西会着起火而烤焦你的电脑；一次经济损失；与客户、同事或者爱人一次不愉快的互动；或者一个包括了大量饮酒、甜食、吸烟的聚会。事实上，研究表明，大多数人在他们承诺减肥或戒烟的 30～90 天之间，会有一次退步。这是事实，既然如此，如果你希望在改变习惯的历程中，在很长一段时间保持有效的进步，就要为应对退步而做出计划。

练习：标注你的日历

在你为你的目标而付诸行动的第 30 天、60 天、90 天，在你的日历上做一下标记，并记录下这个过程中成功的日子。你也许想要在每一个纪念日加上这样的注释："重新唤醒最强自我。"这些纪念日将提醒你回到呼吸的三个基础部分，并且应用你最强自我的五个特质，来降低你的焦虑，把你的头脑带回现实，并与你更大的支持系统连接在一起。在这些日子，检查一下，确保你没有退回到将你的目标变为一种应该要做的，或者不得不做的事情，这让你被动地顺从着，然后抵抗着。记住在第一阶段和第二阶段之中你赞成和反对的，并且你完全地选择一小步一小步地走向转变。在每一个纪念日，你大脑的高级功能都要再次被唤醒，来激活对你的目标的再选择和再承诺。

复印一下附录 E 来记录你的目标，想要采取的行动，你什么时候开始，你体验到的任何障碍物或分心事物，以及你健康的可供选择的办法。

不要让后退阻止你的进步

经历较小的退步——比如抽一支或两支香烟，吃一袋曲奇，或者在主要任务上有一天的拖延——并不是放弃你承诺的理由。在第四阶段，你要练习关注所取得的成就，尽管有下滑、倒退、错误和失望。你正在打算长期维持你的习惯改变计划。

如果你正打算应用这个计划来戒烟，你需要知道如果你抽了一支或更多的香烟而退步时，你应该怎么做。你必须让自己做好准备，从想要放弃你在过去 30～60 天里所取得的进步的冲动中转移开。为了避免反弹，你计划的一部分应该是扔掉任何剩余的香烟，并再次承诺远离烟草以保护你的身体和生命。在你的日历上，你应该标记并数出每一个不吸烟的日子（或者在其他习惯的情形下，比如一个专业运动员，标出不狂欢的日子，等等），跳过任何你退步的日子。为所有的短期成功作个记录。

一个叫吉姆的 41 岁的木匠告诉我："在结束我们的第一个阶段时我觉得妙极了，而且很有希望。我自己想，我就要最终戒掉香烟了。在不到 24 小时之内，我的家里和工作中发生了一些让人感觉有压力的事。我开车去急诊室看我的父亲，一路上一直在担心，所以一支接一支地吸烟。我又失败了。"在此前的戒烟计划中，吉姆难以使自己去解决这样的退步。他认为自己是个失败者，并且准备再一次放弃。事实上，从更长远的角度来看，对于健康习惯的长期保持，他的退步是一个学习如何巩固计划的机会。吉姆应该准备应对这样的压力事件，并且准备好应对的声明和行为，这样他才能很快地恢复，并回到原有轨道上来。

安吉拉：在第四阶段克服退步

在向着她的目标努力行动的最初30天里，安吉拉取得了相当可观的成绩。然而，在她接近第60天的时候，她开始忘记运用那些工具，它们曾经帮助她增加锻炼，减少暴饮暴食，并且在两个月之内减掉了11磅。尽管她取得了一定成功，但在两种场合中，感觉压抑就会使她退步到暴饮暴食之中。

对于安吉拉来说，狂欢是最难以控制的习惯。当她度过了压力重重的一天，或是当她开始感到她不得不为挑剔的老板或家庭做很多事情的时候，暴饮暴食就自动发作了。在这样的日子里，她的一部分仅仅想摆脱她所经历的所有困扰，同时也把她的真实想法压抑住。她的这一部分会跳出来，用这样的声音提出无法执行的要求："我需要休息一下。我已经受够了，需要什么东西来放松一下。"从这样的态度很容易发展到喝酒，吸烟，或者懒坐在电视机前无意识地摄入大量多余的卡路里。

正如许多习惯，比如拖延和吸烟，会不期而然地爆发，狂欢式的进食似乎在经历有压力的一天之后的晚上变得更加糟糕。如果一整天里，你都不得不忍受屈辱、难以执行的工作，你的一部分自我就想要对那个独裁者做出反抗，那个独裁者总是用一些需要做和不得不做的事情列成的清单搅得你不得安宁。

安吉拉的暴食正是这样一个例子，反映了我们怎么样从自我有限的观点出发，应用蹩脚的应对方法，使用破坏性的习惯试图解决深层次的问题。一个需要解决的基本问题是一个人的内在冲突，以及感到和你的更大、更智慧的自我相分离。当你开始选择用第三种视角来生活，你就能减少“你必须做什么”和“我不想做什么”这两种声音之间的内在冲突。你需要轻轻唤醒你的最强自我，来为你的权利与需要挺身而出，放声疾呼。对于安吉拉来说，每天经常地做第十三章中“为了成功启动你的头脑”的练习是至关重要的，这样她才能感觉到与她的理想自我相连接，并且在她为了坚持自己的努力而不得不日复一日地面对挑战时，能够给她自己接受、原谅和同情的信息。

安吉拉发现当她在工作中变得更自信，并且对于她的家庭不那么轻易地充当救助者时，她能够缓解白天的压力。她确实减少了她在晚上暴饮暴食的强迫性冲动。她对于自己的再次承诺，包括在下班后去健身房，带给她远离来自工作和家庭的种种要求的健康方法。这种健康的休息满足了她认为自己受到剥削的那一部分，并且让她觉得在保护自己的健康和生活上更加强有力。这也同样减少了她通过破坏性的方式进行反抗的需要，那样的方式会损害她的健康和她的长期目标。

自我妨害和你的自我

你是不是曾经注意到，当你将要开始成功并且实现你的梦想的时候，一些人想要百般阻挠？他们可能会对你的改变横加指责，就好像那是一桩严重的罪行。甚至你的本我也会对你现在能变得如此快乐感到嫉妒，这已经很久没有在你的生活中发生了。退步有时意味着你的本我试图重新掌控你的生活。在本性上，本我相信他是和大脑、身体和整体的其他部分分开的。由于本我傲慢自大，顽固不化地独自挣扎，他拒绝承认他对于外界帮助的依靠，并且把这样的帮助看成跛子的拐杖。

更高级的自我运用一个整合的团队来努力让事情变得更容

易，这时本我倾向于认为自己不受控制，并且等着说："看吧，我告诉过你，那起不了作用。你需要我为你苦苦挣扎。我知道任何容易的事情都没有用处。我宁愿正确而不是快乐。"本我宁愿利用他的药物来维持他的独自挣扎，也不愿意承认在你最强自我的统领下整合你丰富的资源，你就能够变得更加安逸、愉快和成功这一事实。

更加显著的是，一旦你的本我发现，你的自我真正出现，并愿意为管理你的生活承担责任，他就会开始合作。甚至他那些"如果……会怎样"的忧虑观点都会软化，并期待着一个令人惊叹的经历：当你与更大、更智慧、更强有力的支持系统连接在一起时，你会如此迅速和容易地从悲伤和分心的事物中恢复过来。最终，你的本我将会学会，确确实实更有创造性地享受作为团队的一部分来工作，这个团队包括了来自你下意识的智慧以及你最强自我的领导。

当你运用你头脑更高级的功能来整合、选择并且做出承诺时，你证明了你的领导技巧，并且减少了导致自我妨害的怀疑和不确定性。一旦你开始运用应对的计划回应本我对于失败的恐惧，你将会把自己塑造成更有能力的领导，这个领导得到更多的合作而不是抵制。

应对计划如何能够去除分心事物 ▷▷▷▷

将你的应对计划与最后一章的"应对计划"结合起来——后者对当障碍物出现时你应该如何应对有具体的描述——将增加你要开始并保持你的目标活动的可能性。行动和应对计划二者都需要运用你大脑皮层前额叶的执行功能，从而让你更高级的自我为大脑那些较低级的、原始的活动负责。应对计划会自动管理在你实施目标行为的过程中出现的分心物。事实上，你对可预见的障碍物、挑战以及机遇的预演，将会在你的大脑中形成一种新的神经通路，以此来挑战你的错误反应，并把你带向新的目的地。

应对计划与为自然灾难或者露营旅行所做的准备是相似的。你想要确保你有基本的物品（比如水、便携式收音机、闪光灯以及食物）来维持渡过灾难的头几天，同时为与家人和朋友取得联系做好准备。我想要补充一点，你需要一个预演，这样才能得知你的原始的和错误的反应是什么——比如说恐惧、痛苦、或者自我批评——得知这些反应是什么，知道如何转变，这将使你更容易获得救援的行为。

练习：制定你的应对计划

应对计划包括确定在实现目标的过程中所遇到的潜在障碍和分心物，还有为克服这些障碍所准备的方法。

1. 写出三种障碍或分心物，它们阻碍你表现健康的行为，或导致你陷入某种破坏性的行为。你可以用你在最后一章中确定的那些障碍。问你自己这个问题：“什么会导致我________________[插入一个可能的破坏性行为]?”

（障碍＃1，障碍＃2，障碍＃3）

- 范例 1：什么会让我不去锻炼身体?

（我不得不工作到很晚。下雨了。我太忙了。）

- 范例 2：什么会让我吃得过多?

（我很无聊。我接了个让人不快的电话。我需要好好对待我自己。）

- 范例 3：什么会让我抽烟?

（我很焦虑。我讨厌什么事情也不做仅仅等着。我需要保持清醒。）

◉ 范例4：什么会让我拖延？

（我感觉压抑。我不喜欢工作的这一部分。我不知道该写什么。）

2. 写下当面对这些障碍时，你为了坚持自己对目标的承诺所要说的和所要做的。你的应对计划将那些分心的事件和感觉，与为了聚焦在你的目标行为上的表达或计划性行动链接起来。应对计划有这样的基本结构："当________________［可能的分心物］发生，我会说________________［内在对话］，而且我会做________________［相关行为］。"

◉ 范例1：当我感觉压抑，并且想要吃东西、抽烟或者上网冲浪时，我会说："聚焦"，做三个深呼吸，选择一个任务开始干上15～30分钟。

◉ 范例2：当我觉得抑郁和毫无价值时，我会说："是的，这种感觉很糟糕。但这不是世界末日。"我会开始从一个简单的任务开始工作，外出散步，或者打电话给朋友。

◉ 范例3：当我的大脑为了不去锻炼而制造借口时，我会说："是的，这些都是平常的借口。我不要再争论了，而是直接去健身房。"我会停下正在做的，穿好衣服去健身房，或者去散步。

3. 你可以应用从唤醒最强自我步骤里所学的，提高你的应对计划的效率。当你注意到一个分心的想法、愿望或者感觉，你可以这样做：

◉ 把它当成你的一部分——而不是你的全部。

◉ 用自我的充满同情和理解的声音对这部分说："是的……而且你的价值是肯定的。不管发生了什么，我不会让你感觉不好。你在这项任务和感觉中并不是孤独的。我会选择去做什么。"

◉ 运用自我的安全、选择、存在、关注和关联这些特质，取代压力、内在冲突、感觉压抑、自我批评和独自挣扎的症状。

范例：当我确定这一部分在说“我太忙了以至于不能去散步”时，我会说：“是的，我很忙，这正是我需要散步的原因，这样我能感到焕然一新，并更有效率和创造性地做我的工作——更加聪明地工作，而不是更费力地工作。”然后我会迅速从我的椅子、桌子、电脑前站起来去散步，或者我会为今天晚些时候再去散步设定一个时间。当我发现自己正选择开始这项我逃避了这么长时间的项目时，我会愉快地想着明天我会感觉多么好。我会感觉到自己作为接力跑中的一员正与一个更大的团队相联系，因此后面的阶段对于未来的自我而言将会更容易。就好像我有一个私人助理，为我处理琐事，这样我能集中精力去做最重要的工作。

创立应对声明

作为克服实现目标的障碍的整套工具的一部分，安吉拉和我建构了七个声明，无论何时她想要返回她暴食的旧习惯时，她都能读出来，背出来。为了帮助她坚持对于体育活动的承诺，我们又写了另外七个声明。你可以改编并应用这些范例，通过建立你的“挑战障碍声明”，来维持你的健康习惯。

- 我可以吃得慢一些，很快就会觉得满足，并且在填满肚子之前就停止进食。
- 我已经吃得够多的了，我不需要这么多。我可以选择以后什么时候再吃甜点。这已经足够吃的了。我不会被饿死。
- 我可以一直喝水，吃水果和蔬菜。我可以吃一个苹果，觉得已经吃饱了，并且满足了。
- 我享受了自己的一天，并且给了自己健康的休息。我不需要今天再休息一次，这会带来让我发胖的食物。
- 我的身体遗传了以脂肪的形式储存多余卡路里的能力，以应对饥荒或者没有食物的长期旅行的情况。我的身体不受饥饿威胁。我有足够多的额外食物。我不会挨饿。

- 直到下一餐之前我能够忍受饥饿的感觉，知道饥饿感正是我在燃烧卡路里的一个标志。我不会害怕饥饿的痛苦。我一直都能以水果或者蔬菜作为健康的零食。

- 当我的情绪导致关于吃东西的念头，我倾听它们。提供给自己接受和同情，完全地满足我情绪的饥渴，这种满足深入内心，远胜过任何垃圾食品。

为了增加你进行体育活动的频率，你或许可以准备这样的声明：

- 我选择让我的身体每天都去散步。我保护自己的身体远离对甜食和安逸上瘾。

- 我可以在自己 90 岁的时候再看电视。现在我选择保持活力，并且塑造一个强壮、健康的身体。

- 在我 90 岁的时候，我有足够多的时间看其他运动员的比赛。现在，我自己是一个每周运动 3～6 天的运动员。

- 我选择锻炼身体来塑造强壮的肌肉并燃烧脂肪，因为这感觉很好。我腿部肌肉的锻炼能使血液更加顺畅地流遍我的全身，这帮助我的心肌放松下来。

- 即使当我觉得累的时候，我知道从我的椅子上站起来，并且做一些练习，会把氧气带进我的大脑，并且消耗释放能量到我的身体的卡路里。

- 带我离开办公室的锻炼，能给我观察事物的全新视角，并且允许我的潜意识致力于创造性的解决方案。

- 这是我的身体。一些习惯——比如吃得过多，吸烟，把看电视作为一种逃避手段——对于我身体的最佳状态是有害的。我做出了承诺以保护我的身体远离这些有毒物质和有害的习惯。

在你用这些声明来挑战分心的想法之后，你或许想要把它们缩略到更加便捷的形式，就如我和我的来访者所使用的一样：

- 我已经吃得足够了。
- 请把剩下的打包处理。
- 饥饿是好的——这意味着我正燃烧脂肪。
- 我不会饿死的。
- 流质是食物。
- 我享受我的食物，而不是狼吞虎咽。
- 我仅仅需要差不多两勺的甜食，第一勺和最后一勺。这是我唯一真正品尝和享受的。
- 我可以一直吃芹菜或者苹果。
- 如果我全心全意地选择，我想要什么就能有什么。
- 我的身体喜欢去运动，去跳舞，去锻炼。
- 看到他人如此有活力和创造性，提醒我去展现自己的天赋，并且锻炼自己的能力。
- 锻炼使我的肺和大脑有氧化。
- 锻炼促进我 12 小时的新陈代谢。
- 我享受自己的身体与心灵有牢固的重心的感觉。

为了与唤醒最强自我步骤的原则保持一致，对于分心的念头和愿望的终极挑战来自于你的那些古老的、恐惧的部分，即“我不想这样”。这意味着：

这是我旧有的自我在讲话——我有限的自我，从它分离的、孤单的视角来看待事物，并且用有限的资源进行应对。

- 现在，我以整合的、最强有力的视角来过我的生活。
- 我不再是曾经的那个害怕的、担忧的小孩。现在我是一个成年人，有一个充满恐惧和担忧的小孩需要我的保护和指引。

安吉拉把这些表述称为她“对抗抑郁的治疗方法”。她利用它们来帮助自己度过通向目标的旅程的最初的 6 个月，并帮助她减掉了 36 磅，让她信守诺言，每周三次去健身房锻炼身体，并且除了五次例外，其他时候没有暴饮暴食。这些可测量的成果鼓励我相信，安吉拉再花不到六个月的时间就会达到她的全部目标。但是她情绪和态度上不能被测量的、积极的变化让我们两个人都确信，她已经在成为更富智慧的最强自我上获得了成功。

她对应对计划和声明的运用，增强了她的自我效能感——对于她能够开始为目标而努力，并且即使过程中有障碍物出现，也有能力坚持到底的信心。以更多地使用你大脑细胞的能量——有意识的和潜意识的——来应对和完成看似不可能完成的任务和目标为基础，这种信心有着稳固的形式。

对于你将成功的真正信心

真正的信心并不是关于成功还是失败，而是知道不管发生了什么，你都能够使自己感到平心静气。你是有信心的，这并不意味着任何事情都会顺利而完美地进行，并且你不会有任何退步。不如说，它意味着不管事情会变得怎么样，你不会让一个退步毁了你的生活，或者是你的周末。这整本书的一个主要意图是，带给你技巧和观点让你能够对自己这样说："不管发生了什么，我都站在你的一边。我不会让你感到难过。我是你安全的港湾。你的价值在我这里万无一失。"

真正的自信意味着你不会允许任何人对你作为一个人的价值加以评判。它意味着不管发生了什么——或者不管任何人说了什么——你提前知道你不会嫌弃自己，你会找到一个减轻自我批评和痛苦的途径，并且将你生活中的幸福和快乐放到最大。真正的自信是建立在知道，即使你在追求自己目标的过程中遭遇失败，你那强大而有创造性的部分也会找到一种方法坚持下去，重拾碎片，迅速从失望之中恢复过来，并且带着你的使命回到正轨。（请看附录D提供的自我陈述的清单，来表述无条件的接受。）

第十五章　你是你的最强自我

不，不，不……冥想不能使我达到长久的安宁。我仍旧会被抓住。不过我尽量被抓住得少一些——不是因为我是一个如此聪明绝伦的人，而是因为我知道这种被抓住的痛苦是短暂的，而且我就是不愿意这么做。

——施维雅·布尔斯坦：《注意，看在上帝的分上》

在几周之前，当我们就要开始这段旅行的时候，你也许正被困在某个既定轨道上。也许你想要更多地释放你的潜能，并且提高你的效率和创造力。或许你仅仅想要得到更加充实、轻松地生活的技巧。你们中的一些人或许有不同程度的问题，比如拖延、工作狂、焦虑、压抑感，或者健康和体形方面的种种问题。不管你的理由是什么，你对改变自己的状况有足够的兴趣，所以你才翻到这最后一章。你的一部分自我想从生活中得到更多的东西——想要改变，并且急切地想要唤醒你的最强自我，并通过激活你头脑更高级的能量来找到他。

如果你每日继续使用本书的四步计划所提供的理念和练习，你将会更加有意识地掌控你最强自我的视角和位置，当你被拉回陈旧模式的轨道时，你能够更迅速地察觉。有时候，你或许还会被恐惧、自我怀疑、无效的应对方法所抓住。但是你会更少地陷入这种状况，因为你的自我感觉已经得到延伸，包括你更深层的资源，你大脑较低级功能的整合，你潜意识的智慧的获得。与你的强大自我相联，会使生活变得更容易，更有吸引力、创造性和快乐。为什么你还要忍受这种不必要的疼痛，让你的自我与他更大的支持系统相分离，独自挣扎呢？

增强对你自己的信念

在过去的几周，在日常生活中应用唤醒你最强自我这一计划，你已经建造了通往大脑执行功能的路径，并且让你自己更加容易转换到你被唤醒自我的视角、角色和声音。经常地使用这个计划，能增强从你大脑的执行系统到低级的大脑功能的神经通路，让你对以前的习惯和情绪有更好的控制感。即使你正处于压力重重的境遇之中，你也会知道现在你已经有了更健康的选择，来取代你原先的那些模式。你越是接近自己更深层次的资源和智慧，你越会感觉到它们的支持和存在产生的效果。你的行为将会越来越适合你想要成为的那个人的形象。

你将会有能力管理你头脑中比较低级的功能，并把这些部分整合起来，它们曾经让你持续几天或者几个星期困在焦虑和担忧的感觉中无法前进。现在你已经把它们与同情心连接起来，并用你最强自我的有力声音指引它们。当你以最强自我的视角来生活，没有哪件事情或者哪个人能扰乱你的生活、你的周末、或者你的夜晚。你不断增强的能力，使你能在几秒钟内就从分心的事物、自我批评以及自我怀疑中转移出来，这让你仅用最小的停工时间就达到最理想的效率和工作状态。

在你使用本书的四个步骤几个月之后，实践这些练习，并且体验在观念上的主要转变，继续探索这些问题：

- 如果你不再被你有限的自我概念——你曾经在一些情况下认为他就是你自己——限制住，你应该怎么办？你会参加这个领域的一个课程，还是仅仅停留在对你梦想的兴趣？你敢不敢冒风险从你的工作中分出一点时间？你会不会每周投入 10 个小时，参加一个你一直以来都在逃避的项目?

- 如果你能够把自我概念扩展至包括你的潜意识所蕴藏的天赋，你大脑右半球的创造能力，以及你自动化的神经系统所具有的智慧，你将会追求什么样的梦想?
- 如果你的最强自我已经给你担保：你的价值是安全的，并且即使你经历了一次挫折也绝不会成为一个失败者，你会尝试去做什么?
- 如果你知道不管你是一无所有还是取得了不可思议的成就，你都会平静地接受你自己，那么你会从今天起冒险去做什么?
- 如果你知道尽管你有各种问题和种种不完美之处，你更高级的自我都将完完全全地接受你，你会感到怎样的平和与安宁?

关于你的孩子、朋友、学生或者来访者能够期望从生活中得到什么，你想要告诉他们什么内容？你或许想把这些想法传递给他们：

- 在你内心之中，有一个强有力而智慧的部分一直看护着你。哪怕有时候你的某一部分感到害怕，这里始终有一个更强有力的自我对事情有更广阔的视野，而且你有超乎想象的更多资源可以利用。
- 外在的财富、成就和其他人不能满足你最深层次的需要。你的内在以及你与你自己的关系才是最为重要的。
- 你需要发现，不管发生了什么事情，不管别人说了什么话，你的最强自我都会确保你安稳无忧。然后你就会获得内部的宁静平和，并且获得真正意义上的成功。

内在平和与被唤醒的心灵 ▷▷▷▷

你通过在第一步中确定你的主要问题以及它们的症状，来开始这个计划。同样，你逐渐懂得了那些消极的、自我批评的声音会让你陷入具有破坏性的行为方式不能自拔。通过对问题的观察，贴上标签定义，并确定下来，你激活了大脑高级的执行功能，从而由小的、原始的部分，引发了更为宏大、更强有力的那部分自我。这种观察行为——正如同沉思默想——让你知道你拥有的自我价值，远远超过了你的问题、想法、情绪以及冲动。在第二步，你学会如何从最强自我的角色、视角、声音出发，来让你自己更有力量。通过学会将你的内部对话转变为更加具有同情、理解的声音，你成为一个更有效率的自我领导者，并且确定了那些一直以来期待着来自你的声音的部分。

在第三步，你学会了如何运用你的最强自我所具有的五种特质，来取代你那些过时的、破坏性的行为模式，并倾听那些能够满足你深层次需求的信息。自我的安全、选择、存在、关注和关联这五种特质，使你转换视角，并且激发你以前所不知道的能力。在第四步，你学习运用你的领导角色以及统领能力，来将你自己的所有部分整合为一体，为了达到你更高级的目标而协作努力，并且让你的行为与你更高级的价值保持一致。你把这个有效转变的四步方法，加入到你的自我转变的技巧中，成为保留曲目。这些变化的阶段确保你拥有承诺、动机以及做出计划，以帮助你维持健康习惯，并去除任何有问题的行为模式。

经历了上述四个步骤，你释放了你的全部潜能，学会了如何把你的潜意识和自我与你右脑的创造能力和支持连接起来。而且你已经发现，你大脑较低级的求生功能，可以和你大脑较高级功能中的观察能力与领导能力共同合作。现在，这就是你：作为你自己的最强自我，充任领导角色，有能力创造一个吸引人的景象，承诺要做出积极的改变，并决心对你更高级的价值和最优先事项毫不动摇。这就是你：作为你自己，继续维持你的观点，并且让你的内部团队保持在与你的价值和目标相吻合的轨道上。不仅如此，这也是你：以一种富于同情和理解的方式同你自己说话，如此赢得了你所有部分的一致合作，并且把它们整合为一个富有效率的团队。作为你的最强自我：

- 你不会再把你的自我身份限制在你的种种想法、感受或者冲动上。
- 你不会再浪费时间，试图想让你的本我感到自信，有动力，并对你选择采取行动之前的一切先知先觉。
- 你不会再花费多于 5 秒的时间进行挣扎，仅仅通过你孤独的自我——它总是与你更宏大的最强自我相分离——因为他还没有与新的角色、观点和声音连接，使你有能力进行改变并管理你的生活。
- 现在你可以这样说："我就是我的最强自我。我对生活以及我自己究竟是谁有了全新的观念。我远远超越过去我的那些习惯、恐惧或者冲动。现在我通过更高级的先进的人类大脑以及我最强有力的自我来生活。

本书的前言中给了你一个记录你压力、喜悦、内部平静、连接能力的机会，你同样可以记录你的自我效能，或者你对在自己生活中做出积极改变的信心。你可以使用文后附录 F，对你在开始阅读这本书的时候的状态，与你当前的水平和感受进行比较。对比的分数会告诉你，你到底进步了多少，并且提示还有哪一项内容需要你更多的关注。如果你跳过了任何一项练习活动或者家庭作业，都对你自己是一个亏欠，你错过了这样的体验：通过转换到你最强自我的角色与视角，得到充满力量的感觉。你自己的体验对于你所起到的效果，远远超过我此前运用概念、个案事例或者隐喻进行的解释。

当你遇到新的问题，而这些问题分散你的注意，让你偏离由最强自我引导的生活方向时，你可以一遍遍重新使用这本书所提到的方法，这会帮助你应对这些问题。你将会发现，在几个月之前看上去还是很严重的一个障碍，现在已经成为不值一提、瞬间即逝的烦扰，并且你有许多积极方法去应对生活中的种种压力事件、挑战和机遇。如果你听到一个声音说“但是我该对它如何是好呢”，要认清这个问题来自于你那分离的自我，以及想要再一次地独自挣扎的有意识心灵。重新回到在第二章中的基本练习，把这一部分与你更宏大的自我连接起来，并且用你最强有力的自我的声音与他交谈。

如果你能从这本书中得到数不清的益处，并且能够走上变得更健康，更有效率，更自我满足，更愉快的道路，我的愿望就实现了。请把这本书和我当成你更广大的支持系统中的成员。向你和你那觉醒了的最强自我致意！

附录 A　为了实现成功改变而做的记录

当你对问题症状有所觉察时，每天至少做两次这样的记录，至少连续两周。并不要试图去改变任何事情——而且也不要批评你自己——只是简单地注意并且记录下你的种种想法、身体感觉，以及与你更高级的大脑图景不一致的情绪。允许你的默认反应不受质疑地发展一分钟或两分钟以上，注意一下你的感觉和行为是怎样的。

使用下面的日记簿。

日期和时间	症状	身体、情绪、语言反应	行为/动作/感觉/态度
1.			
2.			
3.			
4.			
5.			
6.			
7.			

8.

9.

10.

11.

12.

13.

14.

附录B 聚焦练习

这是一个需要在一分钟内进行12次呼吸的练习，它将会把你的头脑从过去与未来的各种烦恼，转变到对当下——你的身体必须在的地方——的集中关注。集中关注当下，能清除掉你心里关于过去的种种后悔，以及对于未来不可预料问题的种种担忧。当你抛开你思想中这些想象的问题，你会享受到在当下完全没有压力的一种休息。当你在某一刻感到巨大的喜悦，当你的创造力如此容易展现，当你在一种聚精会神的状态中轻而易举地做出了最佳表现时，你正是在实践某种形式的聚焦练习。

当你每次开始一项计划时，都要使用这个练习。用不了短短的一周或两周的时间，你的身体和心灵就会学会如何自然而然地消除紧张，并专注于当下，以最佳状态高效率地工作。

1. 在椅子上坐好，并以三个慢慢的呼吸开始练习，呼吸包括三个部分：(1) 吸气；(2) 屏住呼吸并让肌肉紧张起来；(3) 慢慢呼气。

在每一次呼吸时：

- 忘掉刚才的电话、堵塞的交通，或者诸如此类的东西。漂进椅子之中。呼气，避免任何不必要的肌肉紧张，此时你感觉到椅子和地板的支持。

- 忘掉来自过去的所有关于工作的想象。把所有那些关于应该去做什么，或者不应该发生什么的担忧，都从你的身体和心灵里排除出去。放下所有陈旧的负担。

- 忘掉那些想要解决你原来种种问题的尝试。从应付其他人之中脱离开，去度假。让每一次呼吸都成为一个标志，标志着你忘掉了来自过去的工作和压力。

- 对你自己说："我把自己的心灵和身体从过去中解放出来。"

2. 在你的下三次呼吸中：

- 忘掉所有的关于未来可能发生事情的意念和想法——所有那些"如果……会怎样"。
- 忘掉那些试图控制未来的工作；把所有预期中的工作和种种问题，从你的肌肉、心灵和头脑中清除出去，把你必须做和将要去做的事情的清单也统统清除出去。
- 在你呼气的时候对自己说："我把自己的心灵和身体从未来中解放出来。"

3. 在你的下三次呼吸中：

- 说："我选择存在于当下，把自己放在现在这项工作面前。除此之外，没有什么其他的事情要去完成，也没有什么别的地方非去不可。"
- 说："我注意到，舒服地呼吸，接受此时我能力所具的水平，专注于当下的任务，是如此轻而易举的事情。"
- 说："在接下来的几分钟里，我没有什么事情可以担心。在这个避难所内，我的心灵和身体是安全的，不会受到过去与未来的影响。"
- 在你呼气的时候对自己说："我把自己的头脑带入当下，在这里，我全神贯注于我的更广大、更富智慧的最强自我。"

4. 在你接下来的三次呼吸中，从1数到3：1. 变得对每一次呼吸都更加充分地警觉；2. 具有足够的兴趣，迅速地从不知道转变为知道；3. 急切地渴望开始，对于你将在这么短的一段时间中能够完成多少感到好奇。

附录C　压力测试

这是一个快速而非正式的测试，检查在你的生活中可能让你感到有压力的情况。根据下述语句所描述的情况在你生活中出现的频率，对于每一问题从 0 到 5 标出数字，然后把这些数字加起来得到总分。

从不			有时		频繁
0	1	2	3	4	5

1. ____我头脑中有很多东西烦扰我——在工作中，在家里，或者二者都有。

2. ____我从来不关上我的呼机或手机。

3. ____我的家庭对我的要求太多了。

4. ____我没有足够的时间休闲或满足个人的需要。

5. ____在工作时我感到很大的时间上的压力。

6. ____由于在过去的一两年里我失去了所爱的人或者与之分开，我感觉很糟糕。

7. ____专注于某一项任务对我来说有麻烦。

8. ____我与我的家庭、老板或者同事的交流充满困难。

9. ____对于大多数事情我都自己解决，从家庭、朋友或者同事那里得不到一点支持。

10. ____对于能够影响到我的决定，我总是说得不够。

11. ____我的个人需求与我所在的组织或者家庭是冲突的。

12. ____人们或者环境阻止我做我想要做的。

13. ____我经常感到疲惫并且昏昏欲睡。

14. ____人或者事情经常激怒我。

15. ____在我的生活以及我的家庭中，存在相当程度的病态。

16. ____我对财务很关注，并且经常对我的财务安全担忧。

17. ____我的生活是一个危机接着另一个危机。

18. ____我经常性地头疼（每周 3～5 次）。

19. ____几乎每一天，我的肩膀、脖子或者后背都会肌肉紧张。

20. ____我有胃疼，消化不良，或者其他消化类问题。

21. ____我经常吃止疼药、安眠药、镇静剂等。

22. ____我有一种吃得过多的倾向，尤其是糖果或者面食糕饼。

23. ____我经常需要喝上一两杯酒来放松一下。

24. ____几乎每一天，我都喝三杯以上的咖啡，或者其他含咖啡因的饮料。

25. ____我对我的性生活不满意。

26. ____家人、朋友或者同事告诉我，我喝酒喝得太多。

27. ____我在大部分时间都坐着。我几乎不运动。

28. ____我抽烟。

29. ____我对我自己有着难以实现的极高要求。

30. ____我想要在我的生活中做出改变，但不知道该如何去做。

____总分

评分标准

40 分以下　你的状态非常好！

41～70 分　平均状态。你可以让你的压力水平再低些。

71～90 分　接近危险水平。要开始在如何与你自己讲话的方面进行改变。开始对你自己的逃跑或战斗反应负起责任。重新阅读第五章。

91 分以上　现在就行动起来，减轻压力！改变你的周围环境并创造内在安全感。明确找出所有那些独裁的和挑剔的声音。对于你现在的成瘾行为找到健康的替代途径。重新阅读第四章和第五章。进行其中的练习。练习附录 D 中的自我陈述。

附录D　有效的自我陈述：接受的声音

当你从你的最强自我的角色与观点出发，对你那些被惊吓和被压倒的部分，说出一系列富有同情心和理解的话，你就能够做到以下这些方面：

- 把你的自我与某种比他更强大、更智慧的事物连接在一起，从而创造内心的平静安宁。
- 把自我形象转变为一个全新的、扩展的、生机勃勃的样子。
- 获取支持与力量，来应对变化的形势和关系。
- 减少那种与真正的自我相分离，独自挣扎而造成的压力与焦虑。
- 运用来自你最强自我的保护性角色、更高的视角，以及富于同情和理解的声音，使你自己更有力。

这种形式的内部对话比典型的断言更有效果，因为你是以一个较高级的视角、角色、声音，对你的较弱小的部分讲话——不管你认为那弱小的一部分是孩子气、更原始的头脑，还是你内心担忧的部分。你已经转变到一种视角和声音，能够让你充当保护你的身体和生活的角色。要注意，你不是在要求那些受惊吓和压抑的部分变得勇敢、自信或者充满动力。你是从同情、理解以及领导的方面出发，同他们谈话，而且你就是那个引导你的所有部分一起走向内部平和的人。

这是一些充满理解的自我谈话的范例：

- 不管生活中发生了什么，你对于我永远弥足珍贵。
- 不管你能够做到什么或者不能做到什么，你一直都是有价值的。

◎ 你的价值不是建立在你能够做什么，而是建立在你到底是谁这一点上。

◎ 不管你是输了还是赢了，你都值得爱与快乐，并且不受自我批评的制约。

◎ 不管在你身上发生了什么，你都值得尊重和有尊严的对待。

◎ 不管谁留下了或者谁走掉了，我一直在你身边，我永远不会抛下你。

◎ 不管你变得多么健康或病重，我对于你、我的身体和我的灵魂带给我的努力、智慧和保护，会一直心存感激。

◎ 不管你的情绪变得多么消极或者紧张，我承认它们存在的必要性。我足够坚强，以承受你的种种情绪。

◎ 不管别人多么看不惯你、你的感觉或者你的身体，我会永远接受你，并且继续与你平静相处。

◎ 不管生活中发生了什么，我接受你，并且完完全全地爱着你。

◎ 不管你的身体是健康还是衰弱，你永远可以治愈你的灵魂。

附录 E　有效的习惯改变

由于你的一部分自我要坚守对于你目标的承诺，并抵抗住种种退步——在有效改变的第四阶段中——你会发现用两周的时间进行练习是很有帮助的，它能让你在通往你目标和行动的过程中一直处于正确轨道上。当你打算开始，你要知道可能的障碍物或者分心事物会是什么，也要知道你要使用的那些让你重新聚焦于你通往目标之途的健康的备选方法。在用 14 天填充下页的表格之后，你可以不费吹灰之力就抓住你原有的行为模式，并把它们用健康的、有效的选择取而代之。按照下表第一行给出的例子，把它改编为与你自己的目标相适应。

终极目标	行动	时间	障碍物	替代方法
“我想要”	“我将要做”	“我会开始于”	“我累了”	“是的,但是我将会选择”
我想要在六个月内变得整洁并且强壮	我要每周三次去健身房	我要在今晚 6 点开始。	我累了。我明天还是要去。	是的,我累了,但是我选择开始,然后看看几分钟之后会不会感觉好一些。

1. ______

2. ______

3. ______

4. ______

5. ______

6. ______

7. ______

8. ______

9.

10.

11.

12.

13.

14.

附录F 效果测试

测试你的进步 ▷▷▷▷

在正文中，我鼓励你在开始这个过程之前把你的压力、快乐、内在平和、关联性的水平记录下来。现在你可以使用这个效果测试来测量你取得了多大程度的进步，然后确定你还需要多加练习的一些领域。想象这些量表能够记录下你当前的压力、快乐、内在平和以及关联性的水平。（请注意，在压力量表中，低分表示你取得了进步。在另外三个量表中，高分表明你取得了进步。）

1. 压力

把表示你在上一周的平均压力水平的数字圈出来。

完全没有										最大
0	10	20	30	40	50	60	70	80	90	100

2. 快乐

把表示你在上一周的平均快乐水平的数字圈出来。

完全没有										最大
0	10	20	30	40	50	60	70	80	90	100

3. 内在平和

把表示你在上一周的平均内在平和水平的数字圈出来。

完全没有										最大
0	10	20	30	40	50	60	70	80	90	100

4. 关联性

把表示你在上一周的平均关联水平的数字圈出来。

完全没有										最大
0	10	20	30	40	50	60	70	80	90	100

测试你在意愿和承诺方面的改变 ▷▷▷▷

你可以用下列五个量表看一看，你的唤醒了的最强自我以及你的全新头脑能够在多大程度上让你对自己的生活负起责任，去设定目标，然后着手开始，尽管有障碍也要坚持，并最终实现目标。这些测试将让你感觉到你取得了多大程度的进步，并指出一些你还需要多加练习的领域。

1. 愿望/动机

你希望多大程度上改善、改变和掌控自己的生活？

一点也不想										非常想
0	1	2	3	4	5	6	7	8	9	10

2. 能力

你怎样看待自己在改善、改变和掌控生活方面的能力？

一点也不能										完全可以
0	1	2	3	4	5	6	7	8	9	10

3. 自信

在改善、改变和掌控自己的生活方面，你有多少自信心？

一点也没有										很强的信心
0	1	2	3	4	5	6	7	8	9	10

4. 感知到的控制感

你在改善、改变和掌控自己的生活方面感知到的个人控制感有多强？

没有控制感										完全能控制
0	1	2	3	4	5	6	7	8	9	10

5. 意图

你愿意每隔多长时间按照书中提到的理念和练习去寻求改善、改变和掌控自己的生活？

从不										经常
0	1	2	3	4	5	6	7	8	9	10

《韧性》

The Resiliency Advantage
By Al Siebert 杨柳 译
出版时间：2009年1月 定价：28元

在生活中应对变化和挑战的能力——是健康、高效生活的关键。为什么一些人比另一些人更有韧性和复原力？这些人又是如何获得这种力量、取得成功的人生经验的？

大多数关于从困境中复原、寻找优势的书都由心理学家和精神病医生撰写，主要描述曾经在精神上、感情上受过创伤的人怎样恢复到能够过正常人的生活。 本书则把重点放在了健康的正常人是如何面对急剧的变化、化解无休无止的压力的。

本书不是仅仅提出自我救助的理念，而是给出了具体的实施步骤。它将告诉你怎样更好地挖掘和利用那些只有少数人使用得很好的与生俱来的潜能。

《注意力曲线——打败分心与焦虑》

Find Your Focus Zone
By Lucy Jo Palladino. 苗娜 译
出版时间：2009年9月 定价：29.8元

你能否集中注意力做你想做的事情？你是否常常流连在网络上，最后发现自己该做的事情一样没做？你是否在电视机前坐了一晚上，频道换来换去，关上电视的时候却感觉还是那么累？在工作需要你限期完成的时候，你是否会焦虑不安，觉得反应反而比平时慢了？你是否常常同时进行好几件事情，却往往忙中出错，一件事儿都没干好？是啊，这些都是过度刺激或者无聊的情形，在这些情形下，注意力都不是处于最佳状态，我们因此感到慌乱、焦虑、疲劳和无所事事。

怎样才能让自己的注意力保持在最佳状态，从而游刃有余地掌控自己的生活和工作呢？作者露西·乔·帕拉迪诺用她自己多年以来帮助人们提高注意力的经验，在书中提供了8付叮当作响的钥匙串，每个钥匙串上有几把神奇的钥匙。你只要针对自己的问题，纯熟地运用其中一把或者几把钥匙，就能掌控自己的注意力，进而掌控自己的工作和生活。如果你是孩子的父母或者长辈，本书还有专门的章节告诉你怎样才能帮助孩子们改善注意力，养成良好的学习习惯 。

《生活的意义》

Meaning of Life
Edited by Julia TAO, Hektor K.T.YAN 刘钊 译
出版时间：2009年7月 定价：38元

生活的意义是什么？在我们说到生活的意义时，“意义”的意义又是什么？问题很重要，思考起来很痛苦，因为这显然是哲学问题。可是哲学思考是否必然意味着痛苦呢？不尽然，至少《生活的意义》一书为您提供了一个快乐地思考哲学问题的例证。

《生活的意义》全书分为幸福与道德、死亡与信仰、科学与生活、艺术与生活4个部分，共23章，每章分别探讨一个相对独立的关于生活的意义的哲学问题。从亚里士多德学派和基督教文化到儒家和道家传统，本书融会了东西方思想中对于完美生活的理解与评价。跟随本书，您将暂时超越生命历程，去反思那些平时被我们想当然的事情，通过对生与死、爱与性、道德与信仰、艺术与科学等问题的探讨，您将获得对人性的更深入的理解。

虽然书中所探讨的都是专业的哲学问题，但是作者以自由、生动、非专业化的风格来描述、解析。 使严肃、刻板的哲学变得生动、活泼，使习惯于面对哲学冷酷面孔的人获得了一次哲学思考的快乐体验。

《释放激情：世界级领导者的制胜之道》

Liberating Passion: How The World'S Best Global Leaders Produce Winning Results

By Omar Khan 耿晓丹 译
出版时间：2009年8月 定价：32元

当我们谈论领导力时，有一个环节总是会被忽略，就是使领导力具有活力、适应性和毅力的根源：激情。我们也许曾经提及它，但却从未真正抓住并掌握它。

据盖洛普公司估计，每10个员工中就有7个处于闲散状态，而由此带来的损失是难以估算的。为什么会出现这种问题？所有人都承认激情的力量，但为何企业依然扮演了激情杀手的角色？这正是《释放激情》一书要帮你发现并着手解决的问题。

本书作者奥马尔带领的Sensei公司团队，有着长期从事咨询和领导力发展的经验。在此基础上，作者从沟通和构建关系出发，介绍了9个激情释放因子，并展示了将它们应用于实践的可行步骤。这9个激情释放因子是：

○ 亲密关系
○ 根本性对话
○ 激发未来
○ 保持活力
○ 对激情的成长进行指导
○ 正确的目标
○ 保卫可能性
○ 承担责任
○ 重视潜能

Neil Fiore

Awaken Your Strongest Self：Break Free of Stress，Inner Conflict，and Self-Sabotage

ISBN：0-07-147026-3.

Simplified Chinese translation edition jointly published by McGraw-Hill Education（Asia）Co. and China Renmin University Press.

北京市版权局著作权合同登记号：01－2008－4861

图书在版编目（CIP）数据

最强自我：战胜压力和焦虑的四关/尼尔·菲奥里著；张璇译．
北京：中国人民大学出版社，2009
（人生魔方）
ISBN 978-7-300-10747-9

Ⅰ．最…
Ⅱ．①尼…②张…
Ⅲ．①压抑（心理学）通俗读物②焦虑-自我控制-通俗读物
Ⅳ．B842.6-49

中国版本图书馆 CIP 数据核字（2009）第 085829 号

人生魔方
最强自我：战胜压力和焦虑的四关
尼尔·菲奥里 著
张璇 译

出版发行	中国人民大学出版社		
社　　址	北京中关村大街 31 号	邮政编码	100080
电　　话	010－62511242（总编室）		010－62511398（质管部）
	010－82501766（邮购部）		010－62514148（门市部）
	010－62515195（发行公司）		010－62515275（盗版举报）
网　　址	http://www.crup.com.cn		
	http://www.ttrnet.com（人大教研网）		
经　　销	新华书店		
印　　刷	北京山润国际印务有限公司		
规　　格	160 mm×235 mm　16 开本	版　　次	2009 年 9 月第 1 版
印　　张	14.25 插页 1	印　　次	2009 年 9 月第 1 次印刷
字　　数	160 000	定　　价	28.00 元